装いの不自由

倉本 香 Kaori Kuramoto
森田 美芽 Mime Morita
沼田 千恵 Chie Numata
上田 章子 Akiko Ueda
岡村 優生 Hiroto Okamura

萌書房

はじめに
――女神の挨拶――

はじめまして。私はこの本の中では〈女神〉として登場しますが，女性が心からファッション（私は特にファッションという言葉を，自分を好ましく，あるいは美しく見せたいという意図を持って衣服や装身具をまとったり，メイクや髪型などの外見を整えたりすること，また，時代の流行を意識して装うこと，という意味で使います）を楽しめる世の中になってほしいと願っている一女性です。

皆さんは，「たかがファッション，されどファッション」という言葉を聞いてどう思うでしょうか。「たかがファッション」という言葉には，「何を着ていようとも中身が大事だ」，「そこに大して差はない」，あるいは「結局自分の好きに着たらいいじゃない」などの意味が，また，「されどファッション」という言葉には，「外見によって他人に与える印象を左右できる」，「ファッションでなりたい自分になれる」，「決まりごとを守らないと恥をかく」などの意味が込められていますが，この言葉の通り私たち女性は，「着ることは些末なこと」という考え方と，「着ることは大事だ」という二つの大きく対立する考え方の間に挟まれている，と言えます。この二つの考え方を両端において眺めてみると，それらの間には，女性が服を着ることに対する矛盾する考え方がいくつもちりばめられていて，それが女性たちを惑わせています。

「自分の好きなように装ってもよい」のでしょうか，それとも「決まりごとを守る」必要があるのでしょうか。読者の方々は，「確かにどちらもあるが，時と場合，ほどほどに。どちらの考え方もそれなりにバランスよく取り入れたらよい」と思うかもしれません。しかし，その考え方の間に立ってどちらを取ればよいのか決めあぐね，自分の思い通りの装いができなくてなんとなく気分が晴れなかったら……。決まりごとを守らなかったからという理由で誰かに批判されたとしたら……。なりたい自分になるために次々と服やメイクを変えることに疲れたら……。何をやってもなりたい自分になれなかったら……。好きな服を着ているだけなのに嫌な目で眺められたり，仲間はずれにされたりしたら……。どうして他の誰かのようになれないのかと比較して自分を蔑《さげす》んでしまうとしたら……。装うことが，自分にとって純粋に楽しさや喜びになり，また，自分の装いが他の人たちにも楽しさや喜びの感情をもたらすものではなく，苦痛や批判や侮辱や自己否定の感覚と結びついてしまうならば，そこには「装いの不自由」が存在すると言えます。

私たち女性が心から装うことを楽しめないのはどうしてでしょうか。女性が装うことを通して幸せになれないのはどうしてでしょうか。本書ではこのことを考えていきたいと思います。装いはもちろん男性にも関係することですが，本書はまずは「女性にとっての問題」として取り上げます。なぜなら一般に，社会において男性／女性を区別した場合，女性の方が男性と比較してより外見を「見られる」存在だからです。ここには，「性」と「美」の要素が強固に癒着していると言えますが，その癒着が「装いの不自由」を引き起こす大きな要因となっているのです。流行の服を着てファッションを楽しむ，恥ずかしくないように身だしなみを整える，自分が美しく心地よくあろうと外見を整える，立場や役割をわきまえて装う等，こういった行為には，同時に，「女らしさ（＝美しさ）の表現」がついて回るのです。こう聞くと，いや，自分は「女らしく」とか「美しく」のようなことはあまり意識せず「立場や機会」を意識するとか，自分や周りの人が心地よいということが第一だから「女らしく」や「美しく」ということはそれほど問題にならない，と思う人もいることでしょう。あるいは，「女らしさ」を意識したい人はすればいい，それは個人の好き好きだ，と思う人もいるでしょう。または，若い人ならそういうこともあるだろうけれど，と思う人もいるでしょう。

けれども，女性の装いについて回る「性」と「美」の癒着を，年齢の差に還元したり，個人の感じ方・好みの具合で好きにできる事柄として単純に片づけてしまってよいのでしょうか。本書ではこの問題を，社会において女性を不自由にさせる大きな枷《かせ》として考え，問題提起をしたいと思います。このように問題を捉えると，装いの問題は単に個人の好みや感じ方の問題ではなく，社会の問題，とりわけ「性」と「女らしさ」に関わることとして，女性だけではなく男性とも関わってきます。ですからこの本では，男性の話にも少し触れてみたいと思います。

人間は社会の中では服を着ないでいることはありません。社会では，様々な人，例えば，立場，性，体の特徴，年齢，住んでいる地域，好みのテイストや考え方など，自分とは異なる人たちが共に生きています。その中で，自分は何者か，誰と仲間で，誰と異なるのか，というシグナルを外見で示すことができるのも装いの特徴です。人の装いには一般に，「人と違っていたい」という「差異性」と，「人と同じでいたい」という「同一性」の表現という，二つの相反するベクトルの力が作用します。このことも「装いの不自由」と関わってきますが，女性という集団の中で「差異性」と「同一性」の「力」がどのように働いているのかも見ていきたいと思います。そしてこのことは今日，男性集団の中においても徐々に問題として指摘され始めています。

ジョン・レノンは，あの名曲『imagine』で「想像してごらん，国なんてないんだと。そんなに難しくないでしょう」「想像してごらん，みんながただ平和に生きていることを」と歌いました。同じように，「想像してごらん。服装の決まりなんてないんだと。そんなに難しくないでしょう。誰もが好きに自分を表現して誰もそれを批判しない。そこではみんなが幸せで，自分であることをお互い楽しんでいる」と私が言うのは，言いすぎでしょうか。確かに，社会において，服装について何らかの決まりごとが必要となる場合があるでしょう。もちろん，そういうことをすべて否定するのではないですし，実際に決まりごとはあるでしょう。私が言いたいのは，ある決まりごとや強固となっている考え方が，人を幸せにしないならば，それは変えるか取り払う必要がある，ということです。この考え方に賛成する人がたくさんいることを願います。

今，装うことを心から楽しめないと思う人たちが心のどこかで感じている「装いの不自由」が，どういう理由で引き起こされているのか，そして，装うことの純粋な楽しみとはどういうものなのかについて，この本で探っていきたいと思います。

この本は，私〈女神〉と，主に二人の女性，一人の男性との間の会話文で進んでいきます。会話文の中に，また，各章の最後に，皆さんが自分の装いについて日常的な感覚や経験を基に考えるためのヒントとなるような問いかけがあるのでぜひ立ち止まって考えてみてください。さらに，各章の間にコラム，最後にインタビューもありますので，そこだけ取り出して読んでいただいても何か気づきがあることでしょう。また，女神との会話文の後には，「さらなる学びのために」として，「装うこと」と「自分であること」がどういう関係にあるのかについて論じたやや学術的な文章が掲載されています。もし女神との会話文を読んでファッションについて深く考えてみることに興味が出てきたなら，この本を執筆するにあたって参考にした文献のリストもつけてありますので，少し専門的な言葉を使って考えることにチャレンジしてみてください。

この本では女性のファッションに焦点を当てていますが，男性の方も，女性にとって装うとはどういうことなのか，そこにどのような問題があるのかを知り，ぜひ一緒に考えてみてください。それが，社会における男女の様々な問題を再考することにつながれば，大変意味があることだと思います。

2023年7月23日

著者を代表して
倉本　香

主な登場人物

女神……女性たちが装いを通して自分らしさを表現する喜びを感じて，幸せになってほしいと願っている。
彩乃……自分の周りで流行っているものを着る。ある程度お洒落には気を遣っていて，人気インスタグラマーのアパレル子ちゃんに憧れつつ彼女を参考にしている大学生。
涼子……30代前半で既婚者。独身の頃はお洒落大好きだったが子育て中の現在はお休み。今はTPOに合わせて着る物を選ぶが，もっとお洒落を楽しみたいと思っている。
裕太……彩乃の大学の同級生。お洒落してモテたいと密かに思っている。

目　　次

装いの不自由

第1章　見た目をどう作っていますか

1　私は誰かのコピーなの？

☞インフルエンサーのインスタライブのゲストになった彩乃。その打ち合わせ

アパレル子　フォロワーさん代表ということで，今日はこのあと彩乃ちゃんの自宅からインスタライブの配信させてもらうからよろしくね♪

彩乃　クローゼット拝見だって！（見られたらヤバいのはきちんと除けてあるから大丈夫。タグが付いたままのヤツもないよね。）

アパレル子　彩乃ちゃんが普段着ている服を紹介させてもらうね。彩乃ちゃんもフォロワーさんの数が多いから，きっとみんなも楽しみにしていると思うんだ。

彩乃　ええ，そんな……。私なんかで申し訳なくて……。何を話したらいいのかな。

アパレル子　コーディネイトのコツが聞きたいな。どういう工夫をしてるのかとか，これを着たら自分らしいっていうアイテムとか，着方とか，そういう話，いろいろあるよね。あと，どんな色の服が好きかとか，今一番お気に入りのコーディネイトとか，聞かせてほしいな。

彩乃　ええ，まぁ……。（正直，そういうことあんまり考えてないんだよね。）

クローゼットの中にある自分がダサいと思う服，着たくない服，見られたくない服はすでに隠している彩乃。乱雑に見えないようにきちんと整理しました。

アパレル子　ではライブ始めま～す。今日はフォロワーさん代表ということで彩乃ちゃんの自宅から配信です。彩乃ちゃんと一緒にこの夏のお勧めファッシ

ョンを紹介していきますね。では早速ですが，クローゼット見せてもらっていいですか？

彩乃　どうぞ！

アパレル子　うわ，素敵ですね。アイテムごとにきちんと整頓されている！しかもベーシックなものとちょっと遊びのあるアイテムとバランスが取れている感じ。

彩乃　アパレル子ちゃんを参考にして選んだ可愛いお洋服たちですよ，ホント，可愛いのばっかりで毎日どれを着ようかと選ぶのが楽しくて。

アパレル子　あ，これ，私がこの前お勧めしたやつだ。今年はグリーンが流行っているよね，だから私，思い切って丈の短いトップスをグリーンで取り入れることにしたんだけど，彩乃ちゃんもそうなのね。これ，顔映りがよく見えるよね。グリーンは好きな色なのかな？

彩乃　そうですね，まぁ……。顔映りが意外といいなって……。

アパレル子　わ，このデニムもお揃いだね。これ，どうやって着ていますか?

彩乃　ビッグシルエットのシャツにゴールドのイヤカフでアクセントつけて，スニーカー合わせでカジュアルに着たり……。

アパレル子　そうそう！　そんな感じよね，この前のインスタライブでその着方紹介させてもらったよね。今一番お気に入りの服はどれかな？

彩乃　このワンピースかな。

アパレル子　このワンピ，私も大好きなんだ，オススメだよ。色と柄の組み合わせが「夏！」って感じよね。こういう柄は思ったよりも他と合わせやすいんだよ。ちょっとボーイッシュなキャップを被るとバランスが取れるし。もちろん私も買ったんだ。彩乃ちゃんもワンピは好きなの？

彩乃　え，はい，まぁ，好きですね。一着で完成するじゃないですか，時間がない時とか楽ですよね。私もそのキャップ持っているので今度合わせてみますね。（なんか私，平凡なことしか言ってない気がする……。ていうか，他のみんなも気の利いたこと言えるのかな。どうして好きかとか，そういう理由，ちゃんと考えているのかな。聞かれたら本当はうるさいな，とか思うんじゃないかな。）

☞インスタライブ終了後

視聴者コメント　私も同じトップス持ってる！　色違いも買ったよ。
視聴者コメント　そのワンピ，可愛いよね♪　私も欲しい〜。
視聴者に紛れた女神コメント　彩乃ちゃん，アパレル子ちゃんとそっくりね！

彩乃の独り言　こんなにたくさんコメント来て嬉しい♪　フォロー数も増えたし。なんだか私，ひょっとしてインフルエンサーになったのかも，なんてね。へへん。んん……，このコメント……。「アパレル子ちゃんとそっくりね！」だって。私って，アパレル子ちゃんとそっくりなんだ。好きな人と似ているって言われたら嬉しいけれど，でもなんだかこのコメントちょっと引っかかる。どうしてだろう……。

彩乃は，自分が人と同じものを同じように着ていることに改めて気がつきました。どうしてそれを選んだのかも，インフルエンサーと同じことしか言えなかったのです。彩乃は自分の言葉で何も言えなかったことに少しショックを受けています。

彩乃の独り言　なんかもやもやする……。私ってアパレル子ちゃんの真似をしているだけなのかな……？　憧れの人を真似するのは当然よね，別にいいよね。でも，同じようにしているのに，なんで私は「真似る」方で，アパレル子ちゃんみたいに「真似される」人になれないんだろう？　私にだって「いいね」をしてくれるフォロワーさんはそこそこいるのに，やっぱりアパレル子ちゃんとは差があるよね。もっと頑張ったらいいのかな，取り敢えずあと少し痩せようか。いや，ちょっと待って。私とアパレル子ちゃんの違いってなんなのよ？　まあ，そもそも生まれつきが違うわ，あのスタイルよ。それに，結局お金がなかったらお洒落なんてできないしね。いいな，アパレル子ちゃんはお金の心配していなさそうだし。きっと実家がお金持ちなのよね，羨ましいわ。あーー，いや，そういうことは考えないようにしよう。よし，美容院行って気分上げよう。髪の色もう少し変えてみようかな。ついでにネイルもしてもらおうかな。

バイト代入ったしいいよね。夜はお風呂で小顔目指して顔筋マッサージ頑張ってやろっと。

彩乃は，自分が憧れのインフルエンサーのただのコピーではないか，という疑問を持ってしまいました。でも，好きな人と同じことをしているのになぜ同じになれないのかと思ってしまった彩乃。自分に足りないものは何かと考えて，それを補おうと努力します。

女神　彩乃さん，それを全部したらあなたはアパレル子ちゃんと同じになれるの？

彩乃　え，いや，どうなんだろ……。やっぱり違うよねぇ……。

女神　あらぁ，好きな人と同じことをしているのに，同じになれないなんて！　お洋服についてのコメントまで同じようなこと言ってたじゃない。そこまで同じなのに，あなたがアパレル子ちゃんみたいなインフルエンサーになれないのはなぜ？　考えたことある？

彩乃　だから，顔とか，髪型とか，スタイルとか，雰囲気とか，センスとか……なんか，〈もと〉が違うんだよ。

女神　違うのよね，だったらどうして真似するの？

彩乃　好きなんだもん，可愛いからよ!!

女神　ふーん，じゃ自分は可愛くないの？　自分のことは好きじゃないの？

彩乃　そこそこ，かな……。

女神　なによ。そこそこ，って。はっきりしないわね！

彩乃　でもね，そんなに「真似」って言わないでほしいな。正直に言うけど，「憧れの人」みたいなお手本がないと私は何を選んだらいいのか，いまいち自信がない時があるし，そういう人から情報を得ていると大きくはずして浮くこともないでしょう。結局，私の周りもみんな同じようなのを着ているんだから。

女神　あら，じゃあ，〈もと〉が違うのに，みんながみんなのコピーをしているということかしら。

彩乃　（えーーー，同じなのか，違うのか，どっちなんだろう……。）

2　あなたはどういう服を着たいのかしら

☞**大学時代の友人の結婚式に招待された涼子**

涼子　何着ていこうかな～？　もう5年以上みんなと会ってないよね。久しぶりに会えるし，お洒落して行きたいな。

クローゼットを見渡して……

涼子　んー，最近あんまり服買ってないな……。昔はお洒落しまくっていたのに……。でも結婚式だし，ある程度着て行く服は絞られるよね。このブルーの花模様のワンピース，大好きで，似合っているって割と褒められるんだけど，これにしようかな。いや，待って。いくら好きと言っても，結婚式にはちょっと浮かれてる感じよね。既婚で子持ちだし，もう少し落ち着いた感じにした方がいいよね。色はベージュが手堅い感じだけど，それは地味すぎでお洒落感ゼロ。もうすこし明るいピンクベージュのこっちにしよう。きちんとした印象のスーツは，今時だと結婚式でも着る人はあまりいないだろうけど，ま，いいか。ノーカラーだから優しい感じがするし，生地も高級だし，何よりこれ，スリムに見えるからね。インナーは総レースにして華やかさを出して，メイクはオレンジ系でさりげなくお洒落感を出そう。あくまでさりげなく，ね。アクセサリーは無難にパールでいいか。レースのインナーが華やかだからね。サテンのクラッチバッグに大きなブローチをつけて個性を出す。コンサバすぎるかな，でも年齢や立場，TPOにもばっちり合ってる。ふふ，決まった！　美容院でヘアセットしてもらお♪

☞**結婚式の会場で大学時代の同級生たちと会った涼子**

お友達　あら涼子，なんかすっかり落ち着いたね，誰だか一瞬分からなかったわ。昔，チャイナっぽい可愛いワンピース着てたよね，すごく似合ってたやつ。みんなであれ，真似して買ったよね。あんな服，最近は着ないの？　ま，そのスーツも悪くないけどね。

涼子　そうね……，あんな風に個性的な感じの服はあんまり着ないよね。確かに。なんで着ないんだろう？まぁ，着る機会がないのよね。

お友達　結婚して落ち着いちゃったってこと？　まあ，子育て中なら自分の服は二の次になるよね。そのへんは私たちまだ結婚してないからよく分からないけど。あ，もしかしてお姑《しゅうとめ》さんがうるさいとかもある？

涼子　うちは，それは大丈夫。だけど世間では服装についてあれこれ言うお姑さんがいるのは確かだよ。でも，お姑さんが服装のこといろいろ言わないとしてもなんとなく気は遣うよね。私の場合は，やっぱり今は子どもだね。子どもが小さい時は自分の服のことなんか正直かまっていられないの。もう，無我夢中よ。うちの子どもは今幼稚園だけど，一緒に遊ぶ時は動きやすくて汚れてもいい服が第一で，自分の好みほとんど優先できないのよね。流行のお洒落したいとか，思えない。小学校に入ると保護者会とか参観日とか，これから先，母親らしい服装しなきゃ，って気を遣う場面が増えてくると思うわ。

お友達　男　（ほう，女性は結婚するとこうなるのか？　子育て頑張ってくれるのは分かるけど，たまには昔みたいに妻とちょっとお洒落してデートしたいな，って思ってしまうのは夫としてダメなのかな……。）

お友達　母親役割，やってるんだね。じゃあ，よく言うママ友とかも気にするの？

涼子　もちろん。自分が個性的な服を着たり，流行でキメキメの服着てそのせいで子どもがどうこうなったら嫌だからね。浮かないことが一番なの。流行りものも適度に，だよ。適度に，が大事なの，まったくないのもダメだしね。そういうこと考えていると，なんとなく「ママファッション」っていうカテゴリーの中に入ってしまうんだよね。ま，同一化ね。浮かない，ってこういうこと。気は遣うよ。

お友達　へぇ，そういう気の遣い方をするんだ。昔，結構いろんな服好きに着てた涼子なのにそうなるんだ。

涼子　そうだね，昔は多少浮いても平気だったけど，今は違うよ。でもみんなだって同じじゃないの。仕事し始めたら社会人らしくって考えたでしょ。私は，社会人になった時と結婚した時に，一通りマナーの本を読んで服装のTPOについて知識を入れたの。その本の中には，社会人になったらお洒落よりも信頼優先と書いてあって，スーツは相手に敬意を示すとか，メイクも口紅ぐらいはつけなさいとか，仕事で成功したかったらやっぱりきちんとしたスーツでとか，書いてあったわ。自分の「好き」を優先させずに「TPO」を優先させて服を選ぶと，なんだかそれって，大人になった感じがしなかった？

お友達　うん，確かにそういうの，あるよね。仕事の時のファッションって，職場の雰囲気にもよるけど気を遣うよね。何かさ，「一人前の社会人らしい服装」っていうイメージはあるよね。それに自分を合わせちゃう。さっき涼子が言った同一化だよね。皆と同じでいると安心する。こう考えると，TPOを優先させるって安心材料になるよね。でもそれよりか，今私たちにはもっと別の切実なTPOがあるのよね。婚活なのよ。

涼子　出た！　婚活ファッション！　男を安心させるからって，やっぱりちょっとダサめのパステルカラーのワンピースとか着るの？　まさか今でもそういうの，あるの？

お友達　さすがに今は……。でもまだそういうのもあるって聞くけどね……。

涼子　そういうの着ると安心材料になるの?

お友達　まぁね。とにかく婚活シーンでは清潔感と女性らしさを演出することが大事なの。カジュアルすぎる服や個性的な服はダメって言われる。でも，「個性的」って言ってもどの程度なのか分からないのよね。だから取り敢えず女子アナみたいな外見を目指すのよ。そうしてたら安心よ。

涼子　それが似合わないと思っても，好きじゃないと思っても，だね。

お友達　そうよ。婚活パーティーっていうTPOに従うなら，そういうことなの。

お友達　男　（なるほどそういう戦略があるのか。ちょっと待て。女子の戦略は婚活シーンだけじゃないよな。この前の合コンに来たあの子たちもそうだったのかな。そんなので男は安心するのか，ちょろくない，オレ?　でもそういう子はあざと可愛いっていうんだよな。わざわざそういうことしてくれているなら，それに乗ってあげるのが優しさじゃないの。）

涼子　あーあ，私たち，本当は好きな服もっと着たいよね。TPOって安心材料でもあるけど，やっぱり制約だよね。

お友達　じゃぁさ，どういうのが着たい？

涼子　……？

お友達　……？

TPOだけ意識していてもファッションは面白くない，でも流行に今さらガンガン乗るのもどうかと思ってしまう涼子。何を着たいのかと聞かれると答えられません。昔はどうやって服を選んでいたのか思い出してみようとしますが……。

女神　あなたの好きなファッションは何？　まずはそこから考えてみましょうよ。

涼子　それが，分からなくなっちゃった……。昔は好きなものが割とはっきりしていたと思う。雑誌もたくさん読んで情報も仕入れていたしね。そういうのに疎くなったからダメなのかな。

女神　そもそも本当に自分が好きなものを選んでいたのかしら。どうやって選んでたのか聞かせて頂戴。

涼子　まず雑誌とかで何が流行っているかは押さえて，その上で自分が「好き」かどうかで決めるんです。雑誌は毎月数冊欠かさずチェックして，ネットの情報も毎日見てた。その中で「好き」って思うものを見つける。「好き」って，「似合う」っていうことでもあるから。よりスリムに見えるとか，自分の肌の色に合っているとか，そういうのが結局「好きなもの」になる。お気に入りのお店に行けば馴染みの店員さんのお勧めとかでそういうの，ちゃんと選んでた。気分が上がりましたよ。

女神　とっても熱心だったのね。だけど，ネットや雑誌の情報，店員さんのオススメを聞いてそれに合わせていたってことよね。結局，周りに流されていただけ，と言っては言い過ぎかしら。私にはそう見えるわよ。質問です。どうして体型や肌の色や年齢などにふさわしい服を着なければならないのでしょう。どうして少しでもスリムに見える服を選ばないといけないのでしょう。

涼子　え，それ当然でしょ。そこ，疑問に思ったことないわ。

女神　私から見たらそれも一種の「制約」よ。そういう制約を意識するから本当に自分が好きなものを自由に選べていないんじゃないか，と思ったことはある？　あなたらしいお洒落をしていたと自信を持って言えるかしら？

涼子　ガーーン！　当然の前提は疑ったことはなかった……。体型とか肌の色とか意識するのは，もっと格好よく着るための，誰にとっても当たり前の工夫だと思っていたけど，それは制約になるの？ そんなことを言われると，ますますどうやって選んだらいいのか分からない，何が好きなのかも，もう分からなくなってきました……。

もともとファッションが大好きだった涼子さん。学生時代の仲間内では「お洒落」と言われていました。好きなお洒落をしていたと思っていたのですが，女神にそれは流されていただけ，しかも制約だらけで実は自由に選んでいなかったのでは，と指摘されてしまいました。

Q1：あなたはいつもどのような服を着ていますか。

- 好きな色は何色ですか。その色の服を着ていますか。
- あなたの今一番お気に入りのコーディネイトは？　どうしてそれが気に入っているのですか。
- 持っている服をきちんと着ていますか。タグが付いたままの服はないですか。
- クローゼットの中に同じような服ばかりあると感じますか。
- 服はベーシックなものの方が多いでしょうか。
- 着る服のパターンはいつも似通っていますか。
- 自分は他の人と同じような服を着ていると感じますか。
- 昔からずっと好きで着続けている服はありますか。それはどのような服ですか。

Q2：あなたのファッションのお手本を確認してみましょう。

- あなたには，こうなりたいと思える憧れの人がいますか。

●その人と同じものを持っていますか？　何を持っていますか？
●ファッションやメイクなど，どこかその人を真似ていますか。
●どうしてその人に憧れるのでしょうか。
●憧れの人と自分の違いは何でしょうか。
●新しい服を買う時に何を参考にして買いますか。
●誰かにアドバイスをしてもらいますか。

Q3：あなたのファッションにおける制約について考えてみましょう。

●あなたは，服を選ぶ時どのようなTPOを意識しますか。
●服を買う時，何を第一に考えますか。
●TPOを意識せずに選べるとすればどんな服を着たいですか。
●他に，(　　　　　　)を意識せずに選べるとすればどんな服を着たいですか？

　→(　)の中は自分で言葉を入れてみましょう　例)性別，お金，外見，体型，年齢など

●それらは，自分らしさを表していると思いますか。
●挑戦したいと思っているのにできないファッションはありますか。それはどのようなものですか。

コラム 私はなぜこれを着ているの？
――「母」社会の中でのファッションの意味

私が考察したいのは，特に「育児」に関わる女性たちのファッションが，自分の好みにかかわらず社会から押しつけられたジェンダー役割を示しており，それが一層，目に見えづらい束縛や不自由さをもたらしていることです。

1．なぜ幼稚園で先生はスカートを穿いているの？

幼稚園教諭になるための教育実習では，原則スカートを穿くよう指導されます。きちんとした格好，黒髪，ピアスなし，清潔，髪型もまとめ，まとめゴムも注意と，実に細々した服装に対する注意事項が並んでいます（今はそうでないところも多いと聞きますが)。

なぜでしょうか？　端的には，幼稚園は教育機関であるからです。子どもに対して，正式の場でジャージでは人に会わないように，服装のけじめをつけるため，と言われています。また，通勤時の私服も，露出の多いものや派手なものは避けるように言われます。幼稚園は地域で保護者と会う確率が高く，会っても非難されないようにという理由です。保育園だと子どもの保育で実際に汚れる可能性が高いから完全にジャージの上下になるのと対照的です。

しかし，今や，幼稚園で先生が模範とするファッションがスカートであるということは，ジェンダー意識の刷り込みにならないでしょうか？　幼稚園自体にジェンダー再生産の働きがあることは以前から指摘されていて，幼稚園の約66％に制服があり，うち40％が男女別でした。他の衣類ではスモックや上靴に男女別が見られ，歯ブラシに男女別を入れているところも20％ありました*。ジェンダー平等が言われる中，男女関係なく個性を伸ばす，と言っていても，幼稚園教諭の現場では，相変わらず服装では保守的なジェンダー観そのものが維持されているのです。

2．マタニティファッションの力

マタニティファッションと言えば，ダサいジャンパースカート，ローファーやスニーカー，足首を冷やさないための靴下，というパターンを思い浮かべるかもしれません。しかし今は，パンツルックやお腹の目立たない服など，すぐには妊娠中と分からない服が増えています。

1990年代以降，育児雑誌は積極的に母親のファッションを取り上げ，「ママ

* 金子省子・青野篤子「ジェンダーの視点で捉えた保育環境と保育者のジェンダー観」『日本家政学会誌』Vol. 59, No. 6, 363-372 (2008)，365頁。

としても輝く」「ママになってもキレイ」という新たなメッセージを送るようになりました。実際，妊娠中も働く女性が増え，従来のマタニティファッションがそぐわない人が増えたからです。しかしこの頃から，妊娠・出産自体がめったにないライフイベントであり，母になることは女性の人生の最高の幸福を手に入れることという考え方が広まりました。つまり女性の人生そのものにスポットが当たり，これまで子どもの背後に追いやられてきた母親という存在に対し，女性としての「私」の人生の主役であるという意識を与えました。これは，確かにこれまで産む性としてのみ扱われてきた女性にとって，画期的なことと言ってよいでしょう。

3．公園デビューのためのファッション

しかし妊娠中はまだ自分のペースで動けても，いったん出産すると，まったく事情が変わります。「公園デビュー服」というのがあります。母親が初めて子どもを公園に連れていく際の服装のことですが，そこでママの着るべき服は「気負いのないカジュアル服」「パンツスタイル」が推奨されています*。高価な服や女性度高めの服は浮いてしまうからと言いますが，何が着たいか，とか，自分に何が合うか，ではなく，「公園で子どもを遊ばせることを楽しむ」ママという自分を演じるための服になっていますね。当然ですが，母親が子どもの外遊びに連れていく時は「作業服」で，自分をよく見せるよりも，子どもの安全のための動きやすさが求められるからです。

たいていの女性は，子どもを産むと，いわゆるお洒落とは無縁にならざるをえません。とにかく動きやすく，洗濯しやすく授乳のしやすい服，というシンプルな選択になり，子どもに危害を与えてはいけないので，ピアスやネイルも化粧もできません。ますますお洒落から遠ざかり，また経済的にも子ども中心になるので，新しく自分用に何かを買う余裕もなくなってしまいます。

そうした「母親」の，「子ども中心」の価値観からはずれると，無言の非難の対象になってしまうのです。そのために先輩のママ友を刺激しない，穏やかな「ママ」ファッションにならざるをえないわけです。

自分が着たい服よりも，周囲の視線に合わせ，好感を持たれるように，というのは，必ずしも公園デビューに限ったことではありません。しかしそこには，夫や実家に頼れない平日の昼間，唯一助け合うことのできる共同体に入ることができるかどうか，という，母親と子どものサバイバルがかかっています。そのため，公園に限らず児童館など，親子連れで遊びに行く空間では，その無言の秩序を壊

＊「プロが教える！　公園デビューする日の好印象ママファッション」(https://beamy.jp/fashion/9703/)。

さず，仲間に入れてもらえることが目的となります。こうしたことで，女性は「良い母と見られたい」欲求と「良い母と認めてもらわないと集団に帰属できない」という，無言の眼差しを内面化しているのではないでしょうか。

4．なぜ幼稚園のママ友はパンツファッションなのか？

子どもが幼稚園や保育園に入ると，それはもっと深刻でデリケートな問題が起こります。いわゆる「ママ友」問題です。この関わりの特殊性は，とにかく「浮く」ことを避けなければなりません。ファッションに関してなら，極度の美や逸脱，つまり自由な表現を許さない，「良いママ」の範疇（それはしばしば，そのグループの有力者の意向で決まることが多い）以外のファッションを許されないのです。要するに「仲間はずれ」にされてしまいます。そのやり方は，無視，話をしない，というものから，積極的に嘘の情報で振り回す，必要な情報を伝えず困らせる，中にはPTAで作らなければならない工作や新聞を一人でやらせる，お受験で合格した友人の親を名乗ってわざと合格辞退の電話をかけるというのもあるとか。これが怖くて，仲間はずれを恐れての行動になるわけです。目立たない，浮かない，とにかく自分が標的にされないために，ファッションもその集団での同一性を示すものを選ぶ*。実に60％程度の母親が，ママ友との関係に困難を覚えている，と言われています。

私たちは自由に生きたい，でもそれを縛るのはファッションそのものではなく，私たちを見る周囲の視線です。私たちが押しつけられるファッションに抵抗を感じつつそれに流されているなら，そこに違和感があるのに感じないふりをするなら，私たちはどんなに不自由でしょう。「なぜこれを着るの？」そう自分に問いかけてみませんか？　それがあなたらしくある第一歩です。（森田美芽）

＊　井出聖子『ママ友付き合いのルール』セルバ出版，2017年，67－68頁。

〈MEMO〉

第2章　自由な自己表現は可能か

1　何を着るかは自由なの？

女神　ファッション迷子の彩乃さんと涼子さんに同じ年頃のお友達を紹介するわ。アパレル子ちゃんもいるわよ。彼女たちのお洒落ポリシーを聞いてみたらいいんじゃないかしら。

Aさん　こんにちは〜。私はファッションが大好きな大学生です。ファッションって個性を表現できるから楽しいですよね。私はバンドをやっていて，もともとは海外の好きなアーティストに影響を受けてファッションやメイクが好きになったんだけど，映画や文学，それから絵画とかも好きなの。好きなアーティストの世界観をイメージしてファッションに落とし込んだりすることが大好きなんです。

アパレル子　私は，服飾関係の専門学校を卒業してから約5年間，ショップ店員として働きましたが，3年ほど前からアパレル関係でフリーランスで働いていています。今，仕事をしながらSNSで自分の好きなファッションを発信しています。主な情報源は海外の人のSNSで，シーズンごとのコレクションは一応チェックしますが，メインはストリートスナップですね。もちろん，日本のインフルエンサーの人たちのSNSも好きでよく見ていますよ。日頃からこまめにいろいろなショップに行くようにしていて，流行は押さえた上で少しそれを崩して自分らしさを出すような着こなしが得意です。

Bさん　私は，中学からずっと仲良しの友人たちといつも情報交換をしています。お洒落をするのは大好きですが，30代後半という年齢も意識して，大人っぽくて女性らしいエレガントな装いをすることを第一に考えています。落ち着いたベーシックな着こなしの中に，自分好みの少し華やかなものやお茶目な遊び心のあるものを添える工夫をして，見る人の眼を楽しませるように心がけています。それが一番自分らしいバランスだと思っています。

女神　今聞かせてもらった「自分のお洒落ポリシー」は，確かに3人の着こなしに現れているわね。一言で言えば，大学生のAさんは「ちょっとパンクで個性的」，アパレル子さんは「こなれたお洒落」，Bさんは「上品華やかエレガンス」かしら。みんな「自分」を持っているということね。

Aさん　そう！　だからファッションって楽しいんです。好きなように自分を表現していいんです。

Bさん　とはいえ，あくまでもある一定の範囲内で，ですけどね。

Aさん　確かにそう。この前，お気に入りのメッセージTシャツを着て親戚の集まりに行ったら叔母さんにもっときちんとした服を着て来なさいって言われたんですよね。そういう叔母さんは，ジャージみたいなへんてこなパンツ穿いていたのにね。

アパレル子　あ，なんかその「オバサンが穿くようなジャージもどきのパンツ」分かるわ。破れたり汚れたりしてなかったらジャージもどきでも「きちんとした服」で，ちょっと過激なメッセージTシャツは「きちんとしていない服」になるんだね。叔母さんとは基準が違うんだ。

Bさん　私は，そのTシャツもジャージもどきも絶対に親戚の集まりでは着ません。品と清潔感が第一です。私なら落ち着いた色目のワンピースにアクセサリーで少し遊びますね。イヤリング，ブローチ一つでも個性は出せますよ。

アパレル子　私は親戚の集まりだろうと子どもの運動会だろうと，自分の好きを貫きます。例えば親戚の集まりでも，自分が着たいと思うなら真っ赤なニットのタイトワンピースでも着ますよ。それをどう着こなすか，です。私はどこか必ず崩さないと窮屈で，自分が自分でいられなくなる気がするんですよ。

Bさん　いくら着こなすって言っても，ちょっとその服は攻めすぎじゃないかしら。親戚の集まりでそこまでする必要があるのかしら。服自体がTPOに合ってないと私はそれが気になって落ち着きません。

アパレル子　例えば，の話ですよ。何を着るかも，どう着るかも同じぐらいに大事。自分らしさを第一に考えると，周りから浮いてしまったりすることもたまにはあるかもしれませんが，私はそれでもいいと思っています。他の人がどう思うかは正直，あまり気にしません，というか，そもそもほとんど気になりません。Aさんはどうなの？

Aさん　お洒落は気合，負けたらダメなの。そう思っている。だから，私なら自分の個性を優先できない時は，行かないかも。そうやって自分を貫きたいです。

Bさん　私は，周りの人がどういう気持ちになるかを考えることはとても大事だと思います。「自分の好き」をいつも優先させるとは限りませんね。

アパレル子　私は，自分らしくあればきっと周りの人も受け入れてくれると思うけど。

「自分らしく着こなす」と言っても，「自分の個性」や「自分の好き」を何よりも第一に考えるかどうかで意見が分かれてしまったようです。

女神　どう？　この3人の話で参考になったところはあるかしら。

彩乃　3人とも自分の好きなものが何か分かっていて，工夫してお洒落してるんだなって思った。Aさんはアートからイメージした着こなし，私の憧れのアパレル子ちゃんは流行を押さえつつ自分の好みではずすファッション，Bさんは，ベーシックを基本に小物で自分らしさを表現する，という着こなしのポリシーみたいなものがはっきりとあったね。

涼子　その通りね。だけど私が気になったのが，「きちんとした服」の基準が違うっていうこと。Bさんは，Aさんとアパレル子ちゃんとは違って，自分の好みを優先しない時もあるって言ってた。

彩乃　うん，そうだったね。 自分が「これでいい」と思っても他の人はそう思わない場合もあるんだよね。だから私はアパレル子ちゃんの真似をしていたら安心するんだ。インフルエンサーだから，たくさんの人が「いい」って思う，ということだよね。

涼子　でも，そのアパレル子ちゃんとBさんの基準が違ったじゃない。どう着るか，何がいいかは「人それぞれ」なのよ。なんか主観の問題よね。

彩乃　あ，そっか，そういうことよね。

女神　だったら，あなたたちも，自分の好きなものを自由に着ても構わないんじゃないの。

彩乃　うーん，でもね，自分が選んだ服が他の人から見て「おかしい」と思われていないか，気にはなるよ。自分が思っている「きちんとした服」が他の人から見たら「きちんとしていない」かもしれないってことだよ。

涼子　そう。やっぱり一般的な着こなしの決まりごとに頼りたくなる。

彩乃　そうそう，ちょっと話が違うけど，骨格診断とかカラー診断とか，みんな割と好きだよね。何か基準が欲しいんだよ。

涼子　うん，そう。それにやっぱりTPOの話もしてたしね。この基準は大きいよね。

彩乃　安心材料は必要だよ。それに比べたら，自分らしさは後回しになるかも。

女神　あら，あなた，「少し崩して自分らしさを出す着こなしが得意」だと言っているアパレル子ちゃんに憧れているって言っていた割には，自分らしさは後回しにするの？　何がいいか，どう着るかは主観の問題じゃなかったの？そこに客観的な基準なんて本当はないかもしれないのよ。

彩乃　はい，私，「自分の好きを貫く」と言っているアパレル子ちゃんに憧れてそれをコピーしているだけの，自分らしさ迷走中の人間です……。好きなものを着るっていうのも無理。そんなに自分を貫けない。第一，今の私は何が好きかも分からないの。

涼子　あ〜，もう，難しすぎるよ！

何を着るか，どう着るかの自由は私たちにはどれほどあるのでしょうか。自分が思っていた「きちんと」が「きちんとではない」かもしれない，自分がお洒落だと思っていても他の人から見たらそうではないかもしれないのです。主観の問題だからこそ，一般的な決まりごとが必要なのでしょうか。

2　それは主観の問題です

女神　はい，この本を見て頂戴。書店にたくさん並んでいる着こなし指南本の一部よ。

涼子　プチプラコーディネイト，身長が低い人のバランスの取り方，色を工夫したお洒落，カジュアル服のシーン別着こなし，職場で浮かない女性らしい服装，仕事ができそうに見えるスーツの着こなし，over60のマダムのための着こなし，などなど，本当にたくさんあるわね。人気スタイリストやインスタグラマーが出している本もあるわね。

女神　だけど中をよく見比べてみて。ほら。この本には「黒は大人の女性には似合わない」と書いてあるけれど，こっちの本には「黒を着こなす大人女性は最高にエレガント」と書いてあるでしょう。

涼子　「身長が低い人はロング丈を避ける」とあるけどこっちには「思いきりロングを着る」と書いてある。職場での服装も，花柄OKと言っている人もいればダメと言っている人もいるね。

彩乃　なんだ，お葬式とかそういうごく特別な場合は除いて，もしかしてあまりちゃんとした基準なんてないんじゃないの。なのに，なんで「これはダメ」とか断言する人がいるんだろう。大きなお世話，って思っちゃうよね。

涼子　ははは。やっぱり主観の問題ということよ。だったら私たちも好きなように着てもいいってことになるよね。

彩乃　うん，やっぱりそうなるよね。でもさっきもその話になったけど，だからと言って，明日から好きな服着るかな。無理だよね。

涼子　周りから変に思われるかもしれないし，浮きたくないよね。もしかして敵にまわす人もいるかもしれないし。そう簡単にいかないってわけよね。だからやっぱり何か頼れる基準が欲しい，という話だったよね。でもね，その基準自体が曖昧かもしれないってことよ

彩乃　なんだか難しい話になってきたね。ここから先，どうしたらいいのかな？

女神　あなたたち，どうして好きな服を着ることがそんなに難しいのか，もっとじっくり考えてみる必要があるわね。ちょっとこの二人を見て頂戴。

スタイリスト　皆さんこんにちは。今日はアイラインの描き方とチークの入れ方についてのレッスンです。ちょっとしたことのように思えるかもしれませんが，ちゃんと流行があって，流行の描き方をすると一気にあか抜けますよ。

客　どうしてもアイラインがうまく描けないんです。

スタイリスト　あら，大丈夫ですよ。私がやってみますから，同じように自分でしてくださいね。

客　はい。でも自分だとうまくできないんです……。

スタイリスト　横で見ていますからね。どうぞ！

客　うーーーん，ダメ，うまくできない。

スタイリスト　あ，そこ，そこ，あと1ミリですね。あと1ミリ太く描いてみましょう。

客　えっ，こんなアイラインを強調したことがないので……。ダメです。似合うかしら，変だと思われないかしら。いつもの自分と違うから。

スタイリスト　大丈夫！　自信を持って。きっと素敵になれますよ。あと1ミリ!!

客　ううっっ。自信がないんです……。ダメ……。

スタイリスト　頑張って!!　自分で自分の殻を破ってみましょうよ。素敵になった自分を見せたい誰かっていますか。その人のためにもやってみましょうよ。

客　はい，思い切ってやらないとね。せっかくここに来たんだし。あ，描けました。これでいいのかしら。

スタイリスト　すごい!!　自分でできたじゃないですか。ほら，よーく鏡をみて！　素敵でしょ！

客　別人になった気分です。なんだか自信も湧いてきました!!

この二人のやり取りを見て共感した彩乃さんと涼子さん。自分たちにもこのスタイリストさんのように親身になってくれるアドバイザーがいれば，きっと自信を持って自分の好きなものを自分で選べるようになるのではないかと思いました。

彩乃　このスタイリストさん，とっても優しいわ。

涼子　そうよね，こんな人が傍にいてほしいよね。

女神　二人が共感するように，このスタイリストさんはとても親身になってくれる素敵な方よね。それもいいんだけど，ポイントはそこじゃないわ，「主観の問題」よ。それについて何か気がついたことがあるかしら。

彩乃　違うんですか。これ，いい話だったのにな。

涼子　主観の問題ってことは……。つまりこの人が1ミリ太く描けなかったのは気持ちの問題ってことかしら。

女神　そう，その通り。たったの1ミリだけど描けない心の抵抗があったでしょう。

涼子　彼女には，今まで自分に馴染んできた描き方があって，それを変えることで新しい自分に変わるという勇気がなかったんですよね。あと自信も。

彩乃　自信ってどういうことですか。

涼子　変わるって，ある程度は自信がいるじゃない。例えば髪型を思い切って変える時って，似合わなかったらどうしようとか，友だちや母親にダメ出しされたら嫌だなとか思うの，分かるよね。誰かに何か言われても大丈夫とか，多少馴染まなくても自分でなんとかできるわ，と思う「自信」があるかどうかでヘアスタイルのイメージチェンジができたりできなかったりするでしょ。

彩乃　確かにそうだわ。この人はもともと自分に自信がなかった，ということかな。最初の表情と，描けた後の表情がぜんぜん違ったもんね。

女神　ライン1ミリの太さの違いは私にはあまり分からなかったけれど，表情の違いは歴然としていたわよね。

涼子　でも，顔の中で1ミリっていったら大きな差ですよ。前髪でも1ミリは大事よね。この人の気持ちはよく分かりますよ。彩乃ちゃんもそうだと思う。だから私たち二人はこの話に共感したんです。

女神　あらそう。1ミリは重大問題なのね。

彩乃　この話では，その1ミリを気にしてしまってうまく描けない，思い切って描く勇気がないっていう，自分の気持ちの問題がすごく現れていましたよね。

涼子　そうか。例えばTPOってファッションではとても大きな制約になると思っていたけど，「できない」とか「ダメだ」と思う自分の心も，同じように大きな制約になっているってことかな。

彩乃　ということは，私たちが好きなファッションを楽しめない理由に心の問題があるということよね。そもそも自分に自信がないってこと?? そう言えば「好きな服を着ることを貫きたい」って言っていたあのAさんは，私と同じ大学生なのに，すごく自分に自信がありそうだったな。

涼子　そうか，分かったかも!! ということはまずは自分に自信を持つ，だよね。

彩乃　うん。でもじゃ，どうやって……？

どうやら「主観の問題」は，「まずは自分に自信を持つことだ」という理解に落ち着いたようですが，女神はこれではまだ不十分だと話を続けます。

3　ループする主観の問題

女神　ここは大事なところだからもう少し丁寧に行きましょうね。初めの，「自分に自信がない」というのはどういうことかしら。

彩乃　誰かに何か言われるのを気にしている。変わる勇気がない，ということ。

女神　他には？

涼子　もっと素敵な自分になる自信がない，自分なんかが素敵になれるはずがない，素敵な自分であることを自分に許さない，でしょうか。

女神　そうよね，じゃあ，1ミリ太く描いた後の自分，っていうのはどんな自分？

彩乃　自分に似合う流行のメイクをした新しい自分，これからもっとお洒落をして楽しみたいなって思っている。

涼子　無理だと思っていたことに勇気を出してチャレンジできた自分，かな。

女神　たった1ミリでその気持ちの変化よ。なんだかすごいと思わない？

涼子　ファッションってそういうところありますよね。すごく気持ちが変わる。

女神　そうよね。でも意地悪に言えば，何かあるたびに1ミリ外見を変えたら内面の気分も変わるってことよね。ある意味楽じゃない?

彩乃　あ，私，気分転換とかいってよく美容院行って髪の色を変えていますけど……。

涼子　「1ミリで変わる私」か。考え方によったら「しょぼい私」よね。そこに何かこう，「確かな私」みたいなものが感じられないもの。

彩乃　まあね。どうせ「誰かをコピーしているだけの私」ですから……。

女神　ところで，彼女は「自分に自信がないという内面の持ち主」だから「1ミリという外見を変えられない」はずなのに，「1ミリ太く描いて外見が変わった」から「自分に自信があるという内面になった」というのはおかしくないかしら。「自分に自信がない，だから，1ミリ太く描こうとしない」ならば，ずっと描けないままのはずよ。

彩乃　あのスタイリストさんみたいに応援してくれる人がいれば描けるんですよ。

女神　そうよね。だからあなたたちがそういう人が傍にいてほしいって思うのは分かるわ。でもみんなにそういう人がいるとは限らないでしょう。だから最初に描くためには，自分に自信がある必要があるわよね。描く勇気は自分から出さないとね。さっき涼子さんが言った，「素敵な自分になれるという自信，素敵な自分であることを自分に許す勇気」。好きな服を着てファッションを楽しみたいのにできないっていう人には，こういう意味での自信，つまり内面ね，それが最初に必要となるということよね。

彩乃　確かに，そういうことになるかも。

涼子　だからやっぱり「主観の問題」ってことですよね，なるほど。こういう意味で「主観の問題」を理解することができるんですね。

「自分に自信を持つこと」とはどういうことでしょうか。それは，素敵な自分であることを自分に許すことで，好きなファッションを楽しむためにも最初に必要となる勇気。理解が深まりましたね。

女神　でもまだ続きがあるわよ。何を着るか，どう着るかは人それぞれっていう「主観の問題」を今のようにだいぶ掘り下げたけれど，あと一つ大事なことがあるのよ。

彩乃　まだ続きがあるんですか，そろそろこの話について行けない……。

女神　あら，もうついてこれないの。まぁ，しょぼい精神ね。1ミリで変わるぐらいだからね。そういうしょぼい精神には，じっくりと考える時間を与えて鍛えるのもいいんじゃないの。

彩乃　(女神きついわぁ。) 私は今まであまり難しいことを考えたことがないので，理解できる力がないと思うんです。それに，こういう話，分かったからってどうなるわけでもないし……。

女神　まぁ！　あなたの今の考え方こそ，「自分には難しいことが分かるわけはない」と思って，自分で自分にストップをかけているのよ。さっきの「主観の問題」を思い出しなさい。「自分には難しいことを考える力がないと内面で思っている⇒理解しようとしないし，理解できない」でしょ。それから，分かったらどうなるかは，変わるかもしれないし，変わらないかもしれない。あなた次第です。

涼子　なるほど。「主観の問題」はいろいろな文脈で応用可能ですね。いくつかパターンを思いつきました！　「私は何ごとにも自信ない，内面で自分のことをダメだと思っている⇒アイライン太く描こうとしない，いつまでも描かない，あか抜けないメイクのまま」を応用すると，「私は綺麗じゃないと自分の内面で思っている⇒私なんかがお洒落するのは恥ずかしいからしようとしない，適当な服をいつも着ている」，「私は人から笑われるのが怖いと内面で思っている⇒本当に好きな服を着ようとしない，いつまでも好きな服を着ない」，ですね。

彩乃　私も思いつきました。「自分のセンスにいまいち自信がない⇒誰かの真似をした服を着る」，ですね。

女神　そうそう，その調子。内面のあり方が，外見を変えたり変えなかったり

内面 ⇒ 外見

私は綺麗じゃない，自信もない ⇒ 好きな服が着られない

外見 ⇒ 内面

適当な服を着ている ⇒ 自分らしくないから自分に自信が持てない

このままではずっと好きな服が着られない!!

これはネガティブパターンのループ

だから逆転させて……

外見 ⇒ 内面

思い切って好きな服を着た ⇒ 自分は悪くないと思えて自信が持てる

内面 ⇒ 外見

自分に自信がある ⇒ 好きな服を堂々と着られる

ポジティブパターンのループ

理屈上はこうなっているけれど

これでは実際は解決しない!!

という，何かの具体的な行動に結びついているのよ。じゃあ次にこの矢印を逆にしてみて。

涼子　「アイライン太く描こうとしない，いつまでも描かない⇒描けない私はやっぱり何ごとにも自信ないダメな私だと内面で思う」ですよね。

彩乃　なるほど！「適当な服をいつも着ている⇒私は綺麗じゃない，やっぱり自信がない，と自分の内面で思う」ということですよね。確かに，いつも適当な服を着ていると，そんな外見をしている自分にどんどん自信がなくなっていきそうな気がする。

涼子　つまり，外見がその人の内面に影響を与える，ということですよね。外見と内面は，ループしているんだ。

女神　その通りよ。今のはネガティブパターンのループの例ね。じゃあ次に，外見から内面の方へ矢印を向けて，ポジティブパターンを考えてみましょう。

彩乃　「好きな服を着てアパレル子ちゃんのようにみんなから褒められた⇒自分のセンスに自信が持てた」，です。

涼子　「好きな服を着た⇒自分はブスじゃないよ，悪くないんじゃないと内面で思える」。だからこれ，「1ミリ太く描いた⇒自分に自信が持てた」，ですよね。うーん，なんかこの話，理屈は分かるけどおかしくないですか。だって，私たちが好きなファッションを楽しめないのは心の問題だということでしたよね。で，それは自分に自信がないってことで，じゃあ，自信を持つためにどうしたらいいのか。その答えが「好きな服を着る」。それで「自信が持てる」，ということだとおかしくないですか。

彩乃　確かに。これじゃ解決していないよね。堂々巡りになっている。裏表の関係だよ。

女神　その通り。「主観の問題」をここまで掘り下げてきたけど，外見と内面がループしている，ということに行き着いたわね。

涼子　だけど，だからこそ，そう簡単には好きな服を着て楽しめない，ということが分かりました。

彩乃　私たちの心がしょぼいからかと思ったわ。

女神　そう。単に自信を持てばいいとか自分を好きになればいいと言って解決されるような「主観の問題」じゃないのよ。よくここまで辿り着いたわね。でもこれには，実は，もっと別の，深い問題が関わっているのよ。続き，行くわよ!!

私たちが好きな服を着て楽しめないのは主観の問題。だから，素敵な自分になることを許して，自分の好きなものが何か分かって，自分を好きになって自信を持てばファッションは自由に楽しめるはず，という簡単な結論では終わらないようです。

Q1：あなたが意識する決まりごとをもう一度確認してみましょう。

- あなたは，服装が理由で誰かに注意されたことはありますか。あるいは，誰かが注意されているのを見たことはありますか。

- どのような基準を逸脱していたのでしょうか。
- その基準は適切なものだったと思いますか。
- 他の人の着こなしがおかしいかどうかが，あなたは気になりますか。
- 他の人の着こなしのせいで，一緒にいて恥ずかしい思いをしたことはありますか。

Q2：あなたらしさについて考えてみましょう

- あなたらしさを出すための，着こなしのちょっとしたこだわりポイントはありますか。
- あなたは普段，どの程度自分は自由なファッションをしていると思っていますか。
- 他の人のファッションを見て，その人らしいなと思うのはどのような着こなしですか。
- 「これが私」と言えるスタイルはありますか。それはどのようなものですか。

Q3：あなたの外見と内面について

- あなたの場合，内面と外見はどのようにループしているか，説明してみましょう。

コラム 「ウマ娘」に見る「永遠の美少女」像

サイバーエージェント社による「ウマ娘　プリティダービー」というゲームが大人気です。内容は，競走馬を擬人化して，それを調教して強くし，実戦（レース）で勝たせるようにするというものです。このゲームの魅力は，競走馬を可愛い少女キャラにしていることです。もともとのモデルは牡馬《ぼば》（男馬のこと）がほとんどなのですが，それを馬の耳と尻尾のついた普通の女学生の姿にし，しかもモデルの競走馬の特徴やエピソードを巧みに取り入れた個性的なキャラクター設定しています（例えばスペシャルウィークは，生後すぐ実母に死に別れ，乳母に育てられたことや，サイレンススズカはレース中に骨折，安楽死したことなど）。

競馬はギャンブルとしても人気が高く，他の公営競技と比べても，生身の人間とサラブレッドが作り出す偶然性やドラマ性が高いものです。そのためギャンブルとスポーツの両方の要素を持ち，その点で男性の指向にマッチするものとして社会的にも広く認知されています。現在でも，競馬人口のかなりのパーセンテージは男性です。さらに言えば，競馬は生産，調教，競走のすべてにわたってきわめて男性中心の世界でもあります。そしてこのゲームの愛好者も，圧倒的に男性です。

しかし，ウマ娘については，競走と言いながら，そのファッションはとうてい競走に向いたものではありません。彼女たちはトレセン学園の生徒であり，ジャージ姿もありますが，レースに出る時は，制服をアレンジしたリボン付きの装飾の多い上着，とりどりのミニスカート（たまにショートパンツ）で細い足を見せ，ウエストは細く絞り，胸を強調するスタイル。靴もブーツであったり，ショートブーツであっても膝上のストッキングを穿いていたり，髪はロングヘアーをなびかせており，実際にレースのできるような服装ではありません。「萌え絵」に見られるようなキャラクターの少女像がここでも主流になっています。

しかもゲームですから，自分の思うままに育成できます。競走馬を鍛えることを調教と言いますが，ゲーム内では自分好みのウマ娘をアスリートとして，スリムな肉体を維持するための調教を施すことができます。例えばウマ娘で特に人気の高いメジロマックイーンは，「名門メジロ家の令嬢，落ち着きのある淑女で，大の甘党。そのせいか，体型を維持するために日々努力を重ねている」とされ，身長159センチ，スリーサイズはB71，W54，H76と設定されています。スリムさは馬と女性とに共通する魅力になっています。

自分を魅了するほどの強さを持つ美少女を思うままに調教でき，しかも彼女は絶対に逆らわず，現実の女性のように文句も言いません。ここに，男性側の決定的な優位性が確保されています。さらに，実際の競走馬の現役生活は約3年であり，引退後は血統や成績により繁殖馬としての第二の馬生を送ることになりますが，それこそ「卒業」であり，「母」となったその後のことは気にしなくていいわけです。現実にはそこからが長く，美しさだけではない人生が続くのですが，そんな現実は考える必要もありません。

若く可愛らしく従順な女の子の集団内での競争を作り出す，これは，AKB48と非常に似ています。否，AKB48は，こうした現代のアイドルのプロトタイプだったのではないでしょうか。まず，アイドルを売り出すには，グループで売り出すことが多いです。ファンはその中の誰かに注目します。「ウマ娘」も，単体での魅力というより，集団であるからこそ，多くのファンを惹きつけます。

AKB48の娘たちは，実際には成人も多いのに少女のような制服姿でステージで歌い，踊ります。それもあまり上手すぎない，素人でも真似できるような振り付けです。彼女たちは個性的と言われるけれど，関心のない人が見れば，誰が誰か判別するのは不可能です。しかしファンは，そのわずかな「差異」を基に，自分の「推し」を見つけてライブでその一人のためにペンライトを振ります。彼女たちには生活感や特異な個性ではなく，ほどほどの個性感はあります。でもその応援は，絶対に自分を超えないという安心感からくる優越感からとは言えないでしょうか。AKB48の場合，いみじくもファン投票で順位が決まるので，「自分が応援する」「育てる」感を味わうことができます。そして「ウマ娘」も，集団の中で自分のごひいきを選び，応援して育てます。疑似恋愛のように応援できる身近なアイドル。それは「ウマ娘」と共通する特徴です。あえて言うなら，「ウマ娘」はゲーム化されたAKB48と言えるのではないでしょうか。

ですから，ウマ娘に見られるのは，永遠の美少女の幻想だけではないでしょうか。そこで求められる女性は，若く，可愛く，強く，従順というステレオタイプであり，セーラー服をアレンジした勝負服はその象徴と言えるでしょう。男に見られ，男の自尊心を満足させるためのアイドル，それが巧みに競馬ゲームの姿を取っていることで，ギャンブルと調教という二重の「男性性」を満足させる内容と言えるでしょう。**(森田美芽)**

〈MEMO〉

第3章　ファッションにおける男女の非対称性

1　女子面倒くさい問題

女神　どうして好きな服を自由に着ることが難しいのか，次に「社会の問題」として考えていきましょう。まずはこの会話文を読んでみて。なぜ彼女が怒り出すか分かるかしら。

「あの人きれいじゃない？」と彼女が言う。
「いいね」と彼が答える。
「あたしもあんなにきれいだと思う？」
「きみは素敵だよ」
「あたしもあんなふうに髪切ったほうがいいかしら」
「今のままのきみが好きだよ」
「どういう意味？」
彼女は怒りだす。

（ナオミ・ウルフ『美の陰謀』より引用）

裕太　え，まったく分からないよ，何これ？　このカップル仲悪いんでしょ。もしくは彼女の性格に問題があるとか。

女神　違うわ。このカップルはお互い愛し合っているのよ。彼女の性格のせいでもない。でも男性は，裕太さんが言うように，この女性のことをまったく理解できない，と思ってしまうの。

彩乃　あー，なんとなく分かりますよこの会話。まずね，「あの人きれいじゃない?」に「いいね」って反応している時点で，「ちょっとな」って微かに心のどこかで感じてしまうの。でもそれを感じている自分はイヤな女になるからそれは感じないことにして押し込める。もちろん，表にも出さないよ。

女神　女同士，認め合えるってことを示したいのよね。

彩乃　そう，それに本当に綺麗だなって思う場合もあるよ。でもすぐ横で自分の彼がそれに同意するのは，たとえそれが本当のことでも，なんとなくなぁ……。

裕太　でもそのあとで「きみは素敵だよ」って彼が言ってるよ。本当にそう思って言ってるんですよね，この人。

女神　その通り。でも，彼女はなんだか嫌なの。どうしてかしら。

彩乃　綺麗な人のすぐ横で「きみは素敵だよ」って言われても，比べられている感じがするんだよね。なんとなく。

裕太　え，そうなの。そんなつもりないでしょ。

女神　彼女を愛している男性ならば，確かにそういうつもりはないでしょう。でも，それなのに彼女はまるで自分がその「綺麗な人と自分は比較されている」という感覚を勝手に持ってしまうの。

彩乃　あのね，横に男性がいてもいなくてもそういうこと普通にあるかも。綺麗な人を見て，勝手に自分と比較して，「私はダメだわ……，もっと痩せないと，肌を綺麗にしないと……」って思っちゃうのよね。雑誌とかSNS見ても，モデルだから綺麗なのは当たり前だけど，綺麗な人を見て，「私も○○しよう」「○○したらあんな風になれるよね」って，テンション上がる時もあるけど，でも反対に「やっぱり私って……」って気分が下がったり，いじけたりする時もあるんだ。

裕太　つまり自分は綺麗かどうかを他の女性と比べてしまうということだね。へえ，なんか大変だな，心が安定しないでしょ。

女神　男性にはこういうことあるかしら。男性モデルを見て，「スタイルいいな，それに比べて自分は……，もっと肌を磨かないと，痩せないと」なんて思うかしら。

裕太　まぁ，男でも痩せたいとか，モテたいとか思っているヤツはいるからないとは言い切れないけど，でも女子みたいにモデルと自分を比べてとか，四六時中体重とか服とか髪型とか肌とか気にすることはないよね。

女神　だとしたらこれは男女で非対称的な出来事よね。

彩乃　四六時中ってちょっと言いすぎじゃない?!

裕太　え，よく女子って電車の中とかで前髪チェックしてない？　結構みんな必死感漂わせてたり，熱中してたりするじゃない。男は，髪型チェックに必死感はそこまでないよね。

彩乃　ふん，悪かったわね。もうあれは癖みたいなものよ，なんか気になるのよ。綺麗なモデルも，見ちゃうとなんか自分と比べて気になるのよ。私もできれば綺麗で可愛くありたいな，って思わない女の子っているかしら。

裕太　気にしないっていう子も中にはいるんじゃないの。

彩乃　まあね。そういう風に言う子はいなくはないけど，でも外見を「まったく」気にしないっていうのは，逆にかえって自分の外見のどこかを本当は気にしているんじゃないかって勘ぐっちゃう。

裕太　なるほど，なんか少し分かってきた。「あたしもあんなふうに髪切ったほうがいいかしら」って彼女は言ってるね。これ，彼女と自分を自然に比較してしゃべっているんだね。でも，その質問には，「今のままのきみが好きだよ」って彼が答えているのに……。これ，最高の褒め言葉じゃないの。

彩乃　そうなんだけど……，でもそれって，その人みたいに綺麗じゃないっていう意味にも取れるのよね。それに，「今のままでいい」ってことは，私はどうせ髪を切ってもその人みたいに素敵になれないってことよね，ってひねくれちゃうの。

裕太　めんどくさいわぁ，なんて言ったらいいんだよ。

女神　どう答えてもダメなのよね，これ。

女神は，男性と女性では美に対して非対称的である，という指摘をしています。男性には一般的ではないのに女性には当たり前のこととしてある，外見に対する態度の取り方・感じ方についての問題で，女性は自分の外見を「綺麗な人」と比べて見てしまう，ということです。

彩乃　あ，そうか！　こうやって，誰かを基準として自分を見てしまうっていうことは，自分のことをきちんと見ていないってことになるんだ。自分が，何が好きなのか上手に判断できないのは，きっとこのことと関係しているよ。それに，綺麗な人を基準にするから，どうしても自分に自信が持てない。一つ前の内面の話とつながりました！　はぁ……，こうやっていろいろ考えてくると，ますます好きな服を自由に着ることが難しく思えてきた……。

裕太　えっと，女性が好きな服を着られない理由を「社会の問題」という観点から考えるっていうことだったけど，今の話だとまだ「自分と他の女性を比較して観察する」っていう「個人の主観や癖の問題」に聞こえるなぁ。

彩乃　確かに。

女神　なかなか鋭い指摘ね，その通りよ。女性が，「自分と他の女性を比較して自分の外見を観察する」癖を持ってしまうのはどうしてなのか。それは単にその人の個人的な癖や趣味でそうなっているのではなく，社会の中のある仕組みが女性たちにそれを強いているのではないか，と考えると，これは「社会の問題」として考えることができるでしょう。話の核心はここからよ，次はこの観点からさらに考えてみましょうね。

女性が自分を誰か他の女性，特に「綺麗な人」と比べて見てしまうという「男女の非対称性」について，もっと「社会の問題」として捉えてみるために，女神はさらに話を続けます。

2　さらに男女の非対称性について

女神　今男女の非対称性の話をしたけれど，それがもっと「社会の問題」として分かりやすくなる話をしましょうね。あそこのお店のドア横に貼ってある大きなポスターのイラストを見て。女の子の不自然に大きすぎる胸がシャツからはみ出そうに描かれていて，口もとは半開き，唇に指を当てて，身体をくねらせて腰を突き出している。極端に短いスカート。ひどいイラストじゃない？

裕太　え，どこが？　あれは人気漫画のキャラクターを使ったホールスタッフのイラストだよ。あのお店が，もっと若者に来店してほしくてコラボしているんでしょ。ライス大盛にしてもらえるみたいだから，お腹が空いていたら行くかもよ。

女神　あのイラストは女性の身体を不自然に強調しているわ。飲食店のホールスタッフがあんな格好やポーズをするかしら。あれを見て不快感を抱く女性もいると思うわよ。

裕太　嫌な人は見なければいいんじゃない。

女神　ポスターなのよ。ここを通るたくさんの人の目に入るの。見たくなくても見えてしまうの。彩乃さんはこれどう思う？

彩乃　私はよく分からないけど……。じゃ，漫画好きの一部の人だけが目にするようにすればいいかなって。

女神　うーん，話が通じていないわね。私はそもそも女性を「性的な対象」として見る視点そのものを問題にしたいのよ。

裕太　じゃあ，女性下着の広告とか水着の女性が写っている観光ポスターとかも嫌だってことなのかな。それは極端だよ。そういうことを言ったら世の中のいろいろな表現が規制されちゃう。

彩乃　そうよね。成人向けじゃない漫画やアニメの中にも，よく見たら女性を性的に表現しているものはたくさんありそうだけど，いちいち反応していたらきりがないよ。

女神　街中《まちなか》や電車の中，雑誌なんかで目にする広告にもそういう意図が見られるものもあるわよ。意図はあからさまじゃないものも含めると，広告って結構女性を性的に表現しているものが多いのよ。例えば，シャンプーや化粧品やエステなどの美容関係，それからファッション関係の広告にも多く見られるわね。例えばこの広告なんかその典型だと思うわ。

彩乃　今までこれはただの男性用香水の広告としか思わなかったけど，そう言われるとなんとなく……。

女神　よく見て!!　服を着た男性は半裸に近い状態の遠くの女性を見つめているわよね。どうして片方が服を着ているのに，もう一方が裸に近い状態で一方的に見つめられているの。この関係は非対称的でしょう。

彩乃　確かに。そう言われれば，特に美容関係の広告は，裸じゃないにしてもしぐさや表情で女性に性的なものを思わせるような表現をさせているものがたくさんあるよね。

女神　こういうものが氾濫している社会って，女性に対してはどういうメッセージを発していると思う？

彩乃　女性の身体は男性にとって性的なものだということかな。

女神　そう。女性は，自分の身体を男性の眼から見て性的な対象として見ることを学ぶのよ。では，男性に対してはどういうメッセージかしら？

裕太　女性の身体は性的なもので，それを眺めていいのだ，ということかな。

女神　その通り！　性的な視線で女性を眺めるのは男，ということになっていて，女性とは男性から性的に欲望される存在なのだ，ということを男女ともにまずは社会から学ぶのよ。逆，つまり男性を性的な視線で女性が眺めるというのはないし，お互いにそういう視線を向け合うという関係にもなっていないの。もちろん，恋人関係になったらまた別よ。これは「社会において」という話ね。男性が女性の身体を品定めして，次の身体に移っていく。男性は，女性のように身体を品定めされて，次に移られることはあるかしら。ないのならばこれは男女で非対称的でしょう。

女性の身体は性的なものでそれを眺めて品定めしてもいい，という「男女の非対称性」があるとさらに女神は指摘しました。「女性は男性から性的に欲望される存在である」ということは，女性にとっては「自分が女性であるために，欲望されることを欲望する」ことになるのです。

彩乃　考えてみたら，品定めってひどいよね。例えば，どの男性が好みかって，女性も芸能人とかの写真を見て話したりするけど，男性が見る女性のグラビア写真には体のサイズについてのデータも添えられていたり，芸能人でもバストサイズが（勝手に推測されて）公になったりしているよね。これはかなりの品定めだわ。確かに，面と向かってそれを女性に言ったり聞いたりするのは，今はセクハラだとみんな分かっているからしないでしょうけど，男同士の集まりでは女性の体について品定めの話ってするんじゃないの？　しても許されるような場所ならしちゃうでしょ。

裕太　ちょっと待ってよ。女子だって，女子会の中でそういう話をするんじゃないの？

彩乃　まぁ，そういう人も確かにいるわ。でも男性は，体のセクシャルな部分について細かいサイズまで公にされて，それを女性にあれこれ批評されることになっているかしら。男女がお互いの身体を同じ仕方で見合うことはない，ということですよね。確かにそうかも。ここにも男女の非対称性があるんだ。

裕太　でも露出ファッションはどうなの？　すごく短いスカート穿いたりしている人いるよね。あれは女性が好きでやっているんでしょ。自分を性的身体として表現して楽しんでいる女性もいるんじゃないのかな。それで男性の気を引こうと思っているとか。

女神　心から本当にやりたくてやっている場合もあるでしょう。でもそういう格好やしぐさが「性的に男性の気を引く女性らしさの表現なのだ」と思わされているだけかもしれない，と考えたことはある？

彩乃　どうして思わされるの？　誰に？　もしかして男性ってこと？

女神　その話は後の章で取り上げましょうね。衣服に関する男女の非対称性について身近な具体例を挙げてみると，例えば，街中で暑いから服を脱ぐ，暑いから短パン穿く，お風呂上がりに下着姿で家族の前でうろうろするとか，そういうことを女性は男性と同じように好きにできるかしら。もちろん，男性も社会的秩序を乱さない程度に，よ。女性には，服を「脱ぐ」とか身体を「出す」ということに対して「性的な意味」がついて回るの。不自由なの。今，見た目のことだけを言っているけれど，それ以外にもたくさん不自由なことがあって，それが当たり前になりすぎているのよ。

彩乃　え，そうなんだ。私には兄がいるけど，兄と同じように育ててもらったし，確かに私はお風呂上がりに下着一枚でうろうろはしないけど，それは不自由なのかな。他にも，「女だから〇〇できない」っていうのは，私はあまり感じたことはないなぁ。

女神　それはね，感覚が鈍っていて気がついていないだけかもしれない，って思ってみてほしいの。自分がそうじゃないからといって何も問題はない，ということにならないのよ。さて，ここで今までの話を整理しておくわね。女性には，女性であるということそのものに「美しくあること」「男性から性的に欲望される対象であること」という二つの意味が混じり合って付与されてしまう，ということよ。

女性の身体は性的なものでそれを眺めて品定めしてもいいのだという社会的なメッセージは，女性の装いに不自由さをもたらします。

3　男性だって外見が気になる

裕太　男女の非対称性の話がまとまったみたいだけど，今一つ納得できない部分もあるんだよね。確かに，一般の漫画やアニメ，それから特に美容関係の広告や宣伝では，男性は女性ほど性的に強調されたりはしていない。それから，男性の身体は女性の身体と同じような仕方で品定めされる対象にはなりにくい。男性は，女性のように，他の男性，特にお洒落でカッコいい男性と自分の外見を見比べて，「オレも痩せてもっと綺麗にならないと。もっとスタイルよく，お洒落にならないと」なんてあまり思わないし，自分を下げたりしない。服も，ファッションが特に好きなヤツは別として，適当にだらしなくならない程度に，そこそこの物を着ていたらいいっていうヤツの方が多いと思う。だけど，そんなにいつも女性を性的な目で品定めしているわけじゃないよ。なんとなく全体の雰囲気で「この子，いいな」って思ったりしているんだよ。それから，女性だって男性の外見についてあれこれ言うでしょう。あからさまに，「あの人が格好いい」とか言うし，逆にかなり辛辣なことも言うでしょう。男だって気になるよ。

彩乃　確かに辛辣なことを言う時もあるけど，それは一部の男性に対してだよ。すごく太っていて清潔感がなさそうとか，あまりにもいつも同じTシャツばかり着ているとか，痩せすぎて筋肉ない小さい男の人とか，なんか少し見くびってしまうところあるかも。

裕太　ほら今「筋肉」とか「体が小さい」って言ったけど，それって男らしさを象徴する部分でしょう，結局女性も男性を性的に品定めしているんじゃないの。そこは同じでしょ。

女神　繰り返しになるけれど，さっきの話は，女性は，女性であるということそのものに「美しくあること」「性的対象であること」という二つの意味が混じり合って付与されてしまう，ということよ。それは男性も同じかしら。

裕太　そうだった，それは違うかな。でも，なんか……。

彩乃　男性もまた，女性とは違う仕方でだけど，外見を気にしているっていうこと？

裕太　そう。自分の外見についてかなり悩んで気にするヤツもいるし，悩むほどじゃないにしても，女子からの視線をそれなりに意識はしていると思うよ。今時の男子だからね。

女神　それは確かに言えそうね。では男性の外見についての話をしましょう。

裕太　この前，友達に脱毛行かないかって誘われたんだ。

彩乃　スポーツ選手がするのは聞くけど，そうじゃないならどうして？

裕太　まあ，身だしなみというか……。最近，男も肌を綺麗にするのはそんなに珍しいことじゃなくなっていると思うよ。ニキビとかヒゲとかあまりお手入れされていない感じの肌より，つるっとしている清潔な肌の持ち主の方が女の子には印象がいいでしょ。体毛も濃いのは嫌でしょ。

彩乃　女性目線を意識するのね。女性から嫌われたくないんだ。モテたいの？

裕太　そら正直に言うと，女性から好感を持たれたいからね。モテたいっていっても，いろんな女性からちやほやされたいっていうのもあるし，好きになった一人の女性から男性として好感を持たれたいっていうのもあるからね。何よりも，もし女性から外見がキモいって言われると僕は立ち直れないなぁ。筋トレするのも，自分の体調管理っていう面ももちろんあるけどやっぱり身体を鍛えているのはなんとなく男性としてデキるっぽくない？

女神　つまり今時の男子は，男であるために，肌を磨いたり筋トレして体を整えたりする，というわけね。ファッションはどうなの？　ファッションで「男らしさ」は意識する？

裕太　それは興味があるかないかで大きく分かれるだろうけど，ファッションでもっと男らしくなろうとか，男らしい着こなしとはとか，僕は，そういうこだわり方はあまりしないなぁ。めちゃくちゃ「服でモテたい」っていうヤツならあるだろうけど。あと，別の意味で服に気を遣うと言えば，ジェンダーレスのファッションだよね。そういう格好をするヤツもいるけど，あれはまだまだ少数派っていう感じだね。まあでも，普通の格好にさりげなくパールのネックレスをするっていうのも，ちょっと前はたまに大学で見かけたよね。（流行ってたの？）あれもジェンダーレスに入るのかな。

彩乃　確かにいた！　でも今は見かけないなぁ。男子も流行に乗るっていうのがあるんだよね。

祐太　うん，そうだね。パールのネックレスが男子の一部に流行るって面白いね。

彩乃　男子でも「外見にそれなりに気を遣ってます」っていう印象を与えるのは決して悪くないし，「気を遣わない」というよりもいいかも。全然ファッションセンスがなかったら，私は，恋人としてどうかな，とは思うわ。

裕太　そこなんだよね。現代の恋愛には，男にもファッションセンスって必要じゃない？　それが皆無だときついよね。（あと，コミュニケーション力もいるね。それからこの本で言われているような女子の事情も分かっているといいのかな。）

彩乃　恋愛するには，相手からの視線も意識して外見にも気を遣うってことよね。じゃあ恋愛しないなら気を遣わなくていいんだ。

裕太　「自分は男性である」と性自認している人にとって，一度も女性と付き合ったことがない，恋人がずっといない，というのは男性としての自己意識をこじらせる一つの要因になるかもしれないよ。

彩乃　なぜそれでこじれるの。スポーツとか他に打ち込むことがあればいいじゃない。

裕太　それはそうなんだけど，そう簡単にはいかないんだよね。

女神　一つ前で，男性と女性の非対称性の話をしたでしょう。男性は女性の身体を性的な対象として眺めるということだったわね。このことは別の側面から言えば，「男性とは女性を性的に欲望するものである」，ということになるでしょう。

彩乃　そうか。だから，恋人がいないということは，女性を性的に欲望していないか，男性としての魅力が欠如しているので女性から相手にされない人，ということになってしまうわけよね。どっちにしても「男性性」のイメージからは離れていくっていうことか。

裕太　他にも，体型とか，筋力とか，運動神経とか，「男性性」のイメージを作ってそうな要素について，どれかが極端に「一人前の男」からかけ離れていると見なされるなら，男性集団の中ではキツイかも。

女神　からかいや緩い仲間はずれにつながったりするかもしれないわね。

裕太　そうなんだ。そう考えると，この話は単に個人の問題じゃなくて，社会の問題にもつながっていくんじゃないかと思うよ。

彩乃　なるほど。ここまで分かったことは，女性は，男性から性的身体の持ち主として眺められること，女性は，他の女性，特に綺麗でお洒落な女性と自分を見比べてしまうということ。それから，自分を女性として自覚する性ならば，美しくあることと性的であることはセットになって内面に強く働きかけて，外見を整えたり服をまとったりする外側の行為に大きな影響を与えていること。それが好きな服を自由に着られない要因になっている，ということだったね。

裕太　だけど男性もまた女性とは違う仕方で外見についていろいろ問題があって，個人の主観の問題だけじゃなくて社会の問題とも言えそうなところもある，ということだね。

女神　人の外見に対する社会からのメッセージは，女性だけではなく男性にも影響を与えているのよね。

「男性とは女性の身体を性的な対象として眺める性である」ということはすなわち，「男性とは女性を性的に欲望するものである」ということになります。これは男性性のイメージを作る大きな要素になります。他にも男性性のイメージを構成する要素がありますが，それらの要素が絡まり合うことで，男性集団内の階層的秩序が作られていると考えることができます。その秩序を支えている一つが，男性の外見に対するイメージです。私たちはどのような考え方をして，どのように男性の外見を見ているのかもう一度考えてみましょう。

Q1：あなたは何を気にしているでしょう。

- 他の人の言葉や動作，装いから，その人の外見に対するこだわりを感じたことはありますか。
- そのこだわりは肯定的なものだと感じましたか，それとも否定的なものだと感じましたか。
- 異性と外見のことについて話していて，意見がかみ合わなかったり，相手の言うことが理解できないという経験はありますか。
- とても親しい異性の相手がいるとします。その人が他の異性の外見を褒めた時，あなたは気になりますか。

Q2：装いでは異性のことをどの程度意識しているでしょうか。

- 服のせいで男性から変な目で見られた経験や，嫌なことを言われた経験はありますか。
- 異性がいる時は着る服を変えますか。
- 「女性らしい服装」というのはどのような服装だと思っていますか。

Q3：男性の外見について

- 男性の外見で気になるところはありますか。
- 男らしさは外見で表現できると思いますか。どのようにできると思いますか。
- 男性のファッションで好きなスタイルはありますか。その理由は?
- 男性のファッションで嫌いなスタイルはありますか。その理由は?
- ファッションにこだわりがある男性についてどう思いますか。

コラム　萌え絵の女性像をめぐって

近年,「萌え絵」と呼ばれる，性的な特徴を強調したマンガやアニメの女性キャラクターが数々の地方の町おこしのキャラクター，献血広告や大手日刊紙の広告などに使用されては議論を巻き起こすということが頻繁に起こっています。三重県の海女《あま》さん業をアピールする「碧志摩メグ」(2015年)，日本赤十字社の献血ポスター「宇崎ちゃんは遊びたい！」(2019年),『日本経済新聞』の「月曜日のたわわ」(2022年) など，どれも女子高生のような若い女性がモデルで，デフォルメされた巨大な胸を持っていたり，体の線が異常なほど強調されています。

問題は，少なくはない人々がこのような絵について「性的だとは思わない」，あるいは「普通」であると答え，嫌悪感を表明した側の方が時に問題視されていることです。どんなに衝撃的な画像であれ，日常的に目にしていれば「普通」になります。普通だと感じてしまうのは，制服を着た女子高生や10代の少女たちを性的に表現し消費することが，日本ではあまりに当たり前で気にする必要もないほどに一般化されているからでしょう。誰もが目にする新聞広告や献血ポスターに，男性の下半身を性的に誇張した画像なら採用されたでしょうか？ 「美少女キャラがあった方が癒されるし，華やかでお客に受けがいい」と言う時のお客とは誰のことを指すのでしょうか？ なぜいつも少女あるいは幼女と言えるほどの若い女性のキャラクターでなければいけないのでしょうか？

二次元だから，現実のモデルではないから問題ないという声もありますが，繰り返し刷り込まれるイメージによって私たちは現実も捉えるようになるのです。また，二次元だからこそ極端な性的誇張を描くことが可能です。こうした像によって，性的魅力のみによって価値づけられる幼い女性というイメージが私たちに刷り込まれ，公共の場に掲示されることで，性的主体はあくまで男性しか存在してはならず，女性は男性の快楽に沿った性的客体であるべきと教えられるのです。

萌え絵のキャラクターは現実の女性をモデルにした下着の広告や，成人女性ヌードと同じではありません。皆，童顔で頬を赤らめ，はにかんだように笑っていたり，もじもじしています。本人は気づいていないまま下着が見えそうだったり，胸や腰，太腿などが制服の下にはっきり想像できるように描かれており，現実にはありえないほどに性的特徴が強調されています。女性はそこでは主体ではなく，未熟で，完全にモノ化され，性的消費の対象物でしかない存在として描かれています。牟田和恵氏も述べているように，これは,「見る人が不快に思う」からダメなのではなく，「女性の性が断片化され，人格から切り離されたモノと扱われることが，女性蔑視・女性差別だから問題*」なのです。

もちろん，マンガやアニメがすべて悪いのでも，性的客体化自体が悪いのでもありません。ただ，子どもを性的対象のように，あるいは女性を性的に拒否することのできない子どものように描き，それを誰もが見える場所に置き，それを普通と感じることに本当に問題はないのか，立ち止まって考えてほしいのです。そこでは女性の側にも意志や欲望があることがすっかり忘れられてしまっています。

公共の場所にこのような像があることの「何が悪いかが分からない」ということと，抗議者への攻撃が，どれだけ男性中心社会であるかを残念ながら証明しています。力関係，支配を思い知らせるためでないなら，なぜどうしても公共の場で見せなくてはならないのでしょうか？「問題はない」ということにしたくても，モノ化された側にとっては不快を通り越して恐怖を感じうるということも理解されていません。常にモノ，体としてしか見られず，女性の側の欲望が無視される社会だからこそ性暴力の被害者の多くは女性であり，女性は自分に自信を持つことが難しくなってしまうのです。女性は性的に見られたくない時は性的に見られたくないし，単に従うだけ，男性の妄想に合わせるだけの存在ではないと主張しているだけなのです。

献血ポスターに関しては，最初に問題を提起したのは，日本を訪れたアメリカ人の男性でした。その文化の内部にいると気がつかないことが，外からの視点で初めて明らかになります。同じ趣味の者同士が集まって物事を決め続けていれば，「おかしいと言う方がおかしい」ということになっていきます。他者を認めることができない社会，黙らせたり，諦めて黙って我慢したりするしかない社会に私たちは生きたいでしょうか？　納得はしていないが，うるさいクレーマーがいるからしょうがなく取り下げるというだけであるなら真の解決にはならないのではないでしょうか。

人との関係も性的欲望も学んで身につけてゆくものです。確かに，性の商品化を言い出したら，男女問わずすべてが商品化されているのかもしれません。それはつまり，意識していなくても，欲望において自分より弱い者を搾取していく構

＊　牟田和恵「「宇崎ちゃん」献血ポスターはなぜ問題か……「女性差別」から考える」『現代ビジネスオンライン』（2019年11月2日。https://gendai.media/articles/-/68185），「結論から言えばこの件は，議論する以前に答えは出ている。女性差別撤廃条約（1979年国連採択，85年日本批准）はジェンダーに基づくステレオタイプへの対処を求めており，日本政府への勧告でもメディアでの根強いステレオタイプの是正を重ねて求めている。たとえば第4回日本レポート審議総括所見（2009年）では，勧告の項目「ステレオタイプ」に，「女性の過度な性的描写は，女性を性的対象としてみるステレオタイプな認識を強化し，少女の自尊心の低下をもたらす」と警告している」。

造から私たちは逃れられず，欲望がいつでも暴力になりうる危険性があるということを示しているのです。それでも暴力に気づくことは関係性に気づくということでもあります。洋服にTPOがあるように関係性の中で物事を考えてみることができるはずです。行き過ぎたポリティカルコレクトネスと言われるような，上からの検閲，禁止という形にはしないためにも，一人一人が他者との関係性についてあらためて考え，別の見方があることに意識を向けていく必要があるのではないでしょうか。異なる見方は私たち皆にとって有意義な結果をもたらします。性的表象をすべて否定しようというのではなく，一面的になっていることが見えない，また見ようとしない社会を問い直そうということなのです。(**上田章子**)

〈MEMO〉

第4章　美の規範

1　押しつけられる美

涼子　私たち二人で，女性ファッション誌やメイク雑誌の公式サイトをいろいろ見てみました。自分より対象年齢が低いもの，高いものも見てみました。ついでにインスタグラムや動画サイトもまたたくさん閲覧し始めました。

彩乃　でもなんだかすっきりしない。私たちの年代向けには本当にたくさんの情報がありましたよね。だけど情報は多すぎるとダメですよね。見るのがしんどくなってくるし，混乱するし，最初に見た情報は忘れちゃうし。

女神　どんな情報があったのかしら？

彩乃　何を買ったらいいのか，何が流行っているかということについては情報は得られると思う。でも，なんかそこに「必死感」が見えてしまって……。

女神　その必死感について教えて頂戴。

涼子　私たちの年代向けのものに限らず，一番気になったのが「美容」についてですね。肌を白く，目はぱっちりとメイクする，顔は小顔で毛穴隠して，たるみやシミ，皺は好ましくない，とか。髪型への執着も感じました。それこそ前髪1ミリの差のように，切ったり，伸ばしたり，巻いたり，流したり，染めたり。情報がありすぎます。今までは自分の年齢とテイストに合った雑誌やSNSしか見てなかったのであまり感じなかったんですが，いろいろ見てみるとにかくすごい情報量で，見ているとだんだんとプレッシャーのように感じられてきました。女性は一生，外見を磨いて綺麗にしていないとダメなんだ，というプレッシャーです。そうじゃなくなったら女じゃない，って皆から言われているみたい。

彩乃　60代以降も続くんですよ。例えば，高齢女性の白髪は最近グレイヘアといってお洒落に格上げされたみたいですけど，当然，単に白いだけではダメで「お手入れされたグレイヘア」です。髪は顔の額縁だからいつまでも大事にしてお手入れし続けるんだって。

涼子　そうそう，「グレイヘア」を育てるという考え方があるのに驚いたよね。自然に誰でも髪は白くなるのに，正しい育て方があるんだというメッセージになっていたよね。

彩乃　うん。もう，ほっといて，という気にならないかなぁ。

涼子　それから，とにかく「痩せる」，「プロポーションを整える」。もちろん，健康のためということもありますが，「痩せて」綺麗になる，「プロポーションを整えて」お洒落に見せる，ということ。これはすべての年代を通して女性の関心事であるという扱いでした。繰り返し見せられると，ものすごい執着というか，執念だよね，そういうのを感じました。

女神　あら，美容は女性の楽しみじゃなかったのかしら。

彩乃　確かにそう。以前は，YouTubeでメイク動画を見て「可愛いわぁ。私もやってみよう」と思って同じメイク道具やコスメ買ってテンション上がったんですけど，それをずっとずっとこれからもやり続けていくのかと思ったら，疑問が湧いてきました。

涼子　綺麗でお洒落な60代以降の女性を見ると，私も，いくつになってもお洒落を楽しめるんだと，希望が持てるような気もするし，歳を取るのも悪くないなって思えますけど，でも，以前女神さんに言われた，「どうして体型や肌の色や年齢などにふさわしい服を着なければならないのでしょう。どうして少しでもスリムに見える服を選ばないといけないの」っていう質問を思い出してしまいました。どうしていつまでも綺麗にしていなければならないのって。

彩乃　しかもその「綺麗」にはお手本があって，そのお手本通りじゃないと綺麗じゃないってなる。

涼子　その通り！　そこなんですよ！　何か「美の基準」があるんです。美容関係の情報を見ていて気がついたことがあって，例えば，今年の新色とか眉の描き方，新作のコスメ，そういうものを使ったお手本の写真には絶対に「小顔に」「目はより大きく見せる」，「皺は目立たせない」とか，大きな方向性があって，その逆はないんです。大きな顔に見せるとか，年齢より上に見せるとか，目を小さく見せる，二重《ふたえ》の人が一重《ひとえ》に見せる，はないんです。そういうことをするのはハロウインの仮装の時ぐらいですよ。

彩乃　あ，でも今はアジアンビューティーもあって，一重に憧れる女性もいるかもよ。

涼子　けど，美容外科の広告でわざわざ「一重」にするのって見たことある？

彩乃　ないわ。

涼子　でしょ。もしかするとそういうのもありになるかもしれない。けれど，やっぱり圧倒的な型としての「これ」というお手本，方向性があるよね。40歳の人が40歳のままに見える，70歳の人が70歳のままに見えるのはダメで，年齢よりも若く美しく見せないとダメ。美しさに一定の方向があるんです。もちろんこれはメイクだけじゃなくてお洒落全般に関してですね。

彩乃　ファッションの場合は，流行や好みのテイストを自分なりに掘り下げた着こなし方についての話題は特に20～40代向けの雑誌や情報にはほとんどなくて，結局，何を買えばいいのか，何と何を合わせたら今年らしくなるのかという話題だったり，いかにプロポーションよく見せるかの話題がたくさんあった。特にプロポーションをよく見せることはどの年代の女性にとっても重要な事柄で，少しでもスリムに，これは絶対条件で，ヒップやバストは上がっていて足がすらっと見えることが第一。着こなしの工夫もまずはそのためにする人が多いみたい。これって，「若さ」をなぞっていますよね。

女神　よく気がついたわね，それは大事なポイントよ。女性はファッション写真や広告，美容記事，SNSの投稿写真の「自分より若々しくてスリムでお洒落で綺麗な」人を眺めてそれを「美の基準」にして，「私もこうならなくては」と思うの。

涼子　そうそう，私より年上の女性を対象とした女性誌の記事で驚いたのは，第一線で働く有能な女性が綺麗なこと。仕事もお洒落も美容も家事も育児もすべてこなしている人が巻頭インタビューとかで掲載されているんです。すごいなと思うけど，私も将来同じようにならないとダメなのかな，私ももっと自己研鑽して，体のメンテナンスや時間の管理をしっかりしなくちゃ，と反省したり，焦りますよ。そして，何でも手に入れられる人は羨ましいなと思って僻《ひが》みっぽくなったり。要するにこれって，仕事を頑張るだけ，家事をしっかりこなすだけじゃ不十分で，その二つをこなした上でさらにそこにプラスして，いつも若々しく綺麗でお洒落な女性であることが求められている，ということですよね。いくらすごい仕事をしていても綺麗じゃなければ雑誌でも大きく目立つように取り上げてもらえない，つまり，社会的な評価の対象にならないんだ，と思うわけです。

女神　女性も，以前ならばとても無理だと思われていたような社会的なポストに就いて活躍している人が徐々に増えてきたわよね。女性でそういった立場に立つのは，ごく少数の限られた能力の持ち主でなければ無理だというわけではなくて，「自分の努力次第で」そうなれるのだというメッセージが今の社会にはあるわね。そこにさらに，家事や育児もこなした上で，「自分の努力次第で」いつまでも若々しく魅力的な女性でいられるのだというメッセージがプラスされている。

涼子　そう！「自分の努力次第で」なんです。「自分の努力次第で」仕事でも社会から評価される。それと同じように，「自分の努力次第で」家事も育児もやって，自分の容姿を磨いて美しくなって，人から評価される。

彩乃　うわ，「自分次第」，重いですね。

涼子　「自分よりも若々しくてお洒落で綺麗な女性」を目にするだけでもプレッシャーなのに，仕事も家事も育児も美容もすべてこなしている女性がいたとしたら，素直に「すごいな」とは思うけど，同時にかなりのプレッシャーになるってことよね。自分はそういう女性に比べてダメなんじゃないかと思ってしまうんですよね。でも，そんな，何でもできる人って，本当にいるんですよね，すごいわぁ。

女神　もしあなたの職場の上司にそういう「すごい」女性がいたらどう感じるかしら。

涼子　やっぱり憧れますよね。でも，ん?? そこまでバリバリの人は以前の職場にもいなかったかも。あれれ……，実際に身近にいないのに，そんな人と比べて焦ったり反省したり自己嫌悪になったりするのかなぁ，変なの。でも雑誌の中には実在しているしなぁ。

女神　例えばあなたが夜TVをつけてニュースを観るとする。そこに映っているのは，若くて美しい女性キャスター。ニュースキャスターはこの日本社会では成功した女性の職業の一つだけれど，そのニュースキャスターが起業して成功した40代女性をインタビューしているとする。そのどちらもが「若々しくて美しい」姿をしているということにどんなメッセージがあるか分かるでしょう。

彩乃　どちらも「すごい」女性の代表例ですよね。容姿に関して言うと，「女子アナメイク」は一般受け，男性受け抜群だと言われていますよね。女性ニュースキャスターに綺麗にメイクしていない人，スリムでない人はいないし。それから50代に見える50代の女性はいるかな？　「すごい」女性としていなくはないけど少ないですよね。ということは……。そういう女性を，大半の人は期待しないということですか……。万人（特に男性）に受けるメイクや服装をして，スリムで若々しくて，そういう女性が「すごい」女性の代表例だとしたら……。えっっ？　ダメなんじゃないですか，これはれっきとした差別に思えてきました!!!　社会の問題ですよ!!!

涼子　しかも，女性起業家が綺麗な人で，仕事も子育ても頑張ったというような話をしたら……。そういう女性が二人並んでいるならそのメッセージは強烈ですよね。単なる「美の基準」以上の力があるような……。

女神　周囲が羨《うらや》むような社会的な成功を得ることができた女性は，確かに自己実現したかもしれない。だけど，いかに「自分らしくあるか」が，いかに「女性らしくあるか」ということと二重写しになってしまうのよ。そこに女性たちは気づいてしまうの。「自分らしくあること」と「女性らしくあること」が切り離せないということよ。

涼子　繰り返しになるけれど，「女性らしくあること」の中に含まれているのは，家事や育児をこなすこと，容姿を磨いて美しく魅力的な外見であること，という意味ですよね。

彩乃　なるほど。これは女性の容姿に関わる社会的な圧力と言っていいですね。「美の基準」は女性の「生き方」や「自己実現」，「社会的評価」にまで関わってくるんだ。なんか女性として生きるだけで大変だわ。そんな，何もかも頑張れない。仕事をきちんとやるだけで精一杯，仕事で成果出して認めてもらって昇進するのはなおさら努力が必要（これは男性も同じね）。仕事で努力して周囲から評価されて自己実現できていると実感している女性はどれぐらいいるんだろう。私，それ努力し続ける自信ないわ。手応えなさそう。それに比べて美容やお洒落はまだ「自分次第」の手応え感じられるんじゃないかな。あれ？　何か分かったかも。なるほど，だから女性は美容やお洒落を手放さないのかも！いや，でもその手応えはすぐにかき消されてしまうんだった……。

涼子　そうだったよね。実際に自分の身近に比較される「美しい人」がいないとしても，女性には社会的な「美の基準」があることでそれを意識してしまうから。

女神　例えば，さっきの飲食店のポスターのように，マンガやアニメで描かれる女性像には，性的にデフォルメされているものもたくさんあるから，女性がそういうイラストなどの女性像と自分を比較して，「自分もそうならなくては」とは思わないでしょう。アダルトビデオに出てくる女性や，男性向けのセクシーなグラビアモデルに対してはどうかしら。もしかしたらそんな身体になりたいと憧れる女性もきっといるわね。でも，もっと一般的に女性が見て嫌悪感を抱かないような美しい女性の裸の写真があるでしょう。女性誌の美容関係の記事や広告にはよくあるわね。スベスベの肌にプロポーションが整った引き締まった身体。むくみなんかないし，もちろん妊娠線やセルライトもない。豊かなバストが上を向いている。こういう身体を見て女性はため息をつくの。

涼子　分かります!!　この人はとっても綺麗。自分も本当はこうならなくちゃって。男性向けにセクシーに演出された女性像には嫌と言えるけれど，そういう広告の女性には嫌と言えないわ。むしろ憧れ。

女神　憧れということは，理想の自分の姿ということ。つまり，男性向けのセクシャルに身体をわざと強調したものとは違って，美しい裸の女性には，そこに自分を反映させて眺めることができるのよ。これも「美の基準」。この「美の基準」は，女性には「あなたもこうなりなさい」「こうでなくちゃ」という〈規範〉となっているのよ。

彩乃　「基準」が「規範」になるんだ。つまりそれは，強制力があるということですよね。だから「美の基準」に従ってやればやるほど必死感が漂うんだ。これは男性にはないことですよね。ここにも男女の非対称性がはっきりとありますね。

女神　そう。「あなたもこうなりなさい」「こうでなくちゃ」と女性に語りかける「美の規範」においては，「若々しいこと」が絶対的に「よい」とされているわよね。

涼子　さっき分析しましたね。むくみなし，垂れていないバストに妊娠線やセルライトなし，毛穴なし，皺たるみなし……。肌と身体のプロポーションで意味づけられる「若々しさ」を追求することが特に強調されています。そしてそれが男性にとっても魅力的に見えるって女性は思うの。

彩乃　そんな肌を持つスリムな身体って，成熟した女性の身体とは違いますよね，それにそもそも生身の女性からかけ離れていきそう。

女性の身体は性的なもので眺めて品定めしてもいいのだという考え方が社会には存在しています。さらに，女性は仕事をしていても育児や家事をしていても歳を取っても綺麗でいなければならないのだ，そうでなければ女性ではない，という容姿に関わる「美の規範」が社会には存在します。「美の規範」は一定のイメージによって作られており，女性は，「自分らしくあること」と「女性らしくあること（美しいのか）」という二重の縛りの中にいます。そして「私は女性としてどうなのか」と，美の規範に従って作られた他人の身体と比較して自分を見つめるのです。

女神　さあこれで，女性が好きな服を自由に着て楽しめないのを，単なる個人の主観の問題として片づけようとするのはお門違いって分かってきたわよね。

涼子　私は最初，好きな服を自由に着られない理由について，TPOが一番の制約だと思っていました。でも第2章で，「できない」とか「ダメだ」と思う自分の主観の問題がとても大きいと分かりました。さらにこの章では，社会が女性に「美の基準」を〈規範〉として押しつけているという「社会の問題」もあることに気がつきました。「美の規範」はとても大きな制約ですよね。好きな服を自由に着る自信や勇気を獲得するために，私たちは，誰かお手本になりそうな素敵な人を見つけてちょっと真似してみたり，一所懸命断捨離してクローゼットの整理をしたり，客観性を謳う○○診断をしてみたり，中には強い自己否定や自信喪失に陥った心を癒すために心理カウンセラーに相談したり……。そういうことすべて効果がないわけじゃないけど，それだけじゃダメなんだということがよく分かりました。また元に戻ってしまったり依存したりするかもしれないですよね。

彩乃　うん。私の場合は，好きな服を着るためにまず痩せないと，とか，美容院行かないと，って思っちゃうけど，それも私個人の思い込みや努力の問題かと思ったけど，単にそういうことじゃなくて，「当然そうするでしょ」っていう，社会からの圧力っていうか，そういうのがあるんだなぁって分かりました。

女神　そう。もっと根が深いのよ。「女性であること」に，「美しくあること」と「性的に異性を惹きつける魅力を持つこと」が結びついてしまって，それが一定の社会的な規範として共有されているの。とても不自由でしょう。

涼子　女性は一生，外見を磨いて綺麗にしていないとダメなんだ，というプレッシャー，そうじゃなくなったら女じゃない。「美の規範」は，確かに女性にとって不自由さと結びついていることは分かりましたけど，でもこの規範は，どうしたら服を自分に合うようにお洒落に着こなせるかとか，どうしたら流行のファッションを楽しめるかということとは別の次元の話のように思えます。でももちろん，関係もしていると思うのですが……。

彩乃　それに，「美の規範」は「身体が若々しくあること」を「女性として性的な魅力があり美しくあること」だと見なしてそれを女性に求めるのだということは分かったけど，美しさは社会や時代によって変化するって言うじゃないですか。これをどう考えたらいいのかなって。

女神　そうね。じゃあ最後にもう一度整理してみましょう。身体がどうあれば「若さ」を示しているかはイメージできるわよね。

彩乃　はい，もちろんです。さっきも話に出ましたよね。肌でたとえるならベビースキンかな。それは誰でも同意するんじゃないかな。

女神　じゃあ身体の「美しさ」は？

彩乃　うーん，美しいってなると，「若さ」のイメージよりももっと幅があってもいいような気がします。でも均整が取れているというのはあるのかなぁ。いや，必ずしもそうとは限らないですよね……。

女神　じゃあ，「性的に異性を惹きつける身体」っていうのは？

彩乃　これも意外と難しいかも。まぁ一般的に言って，女性特有の身体のパーツや体つきは男性から見たら魅力がある，とはよく言われるけど，でも，男性から見た基準と女性が思う基準は違うって言いますよね。人によってどういうところがセクシャルに感じるかは違いがありそう。あれ，美の基準って，具体的に考えてみると案外曖昧なのかな。でも，こういうのが女性としてセクシーな身体っていう一定のイメージはあるような……。

涼子　あ，分かりました。美の基準は，それが「規範となっている」ところがポイントじゃないかなぁ。〇〇が「当然でしょ」，〇〇「しなくちゃ」っていう意識になっていること。

彩乃　何か押しつけられていると感じることですね。

女神　その通りよ。よく気がついたわね。「女性の容姿に関する何らかの基準があるのだと意識してしまうこと」，これがポイントよ。実際，どんな容姿が女性として魅力的なのかという美の基準自体は揺れ動くものだと皆が理解しているけれど，容姿に関わる何らかの美の基準が「規範として存在している」ことについては皆が確信していると思うこと，ここが大事なの。涼子さんが，次元が違うと言ったことよ。分かるかしら。

涼子　はい。美の規範の正体は，装うこと全般に関わって土台となる「考え方の枠組み」ってことですよね。

彩乃　枠があるとその中に入らなければならないと思ってしまいますよね。

女神　そう。「女性の容姿の美しさに関する何らかの規範」は社会的に共有されているので，女性の装いには，「女性としての容姿に関して〇〇でなければならないという決まりがある」という考えが強固な土台となっている。こういう強固な規範意識を持ってしまうと，自由に好きな服を着てもいい，と言われても簡単にできないし，抵抗も感じてしまう。「自分らしさ」や自分が思う「美しさや女性らしい性的魅力」などを自由に表現することが，社会で共有されている美の規範からずれるのではないかと思ってためらってしまう。自由が制限されているのだと思わせること。これが規範の役割よ。

涼子　なるほど，つながりました!!　社会的に共有されている「規範の存在」が，個人の自由を阻んでいるんですね。装うことには制約があるのが当然だという考え方ですよね。なのに「自由に着ましょうよ」はしょせん無理な話だったんですよ。そしてここでまた個人の意識の問題と社会の問題がつながるんだ。

一定のイメージによって社会的に作られた「美の規範」から自由になることは，意識の上でとても難しいのです。

2　規範の再生産と女性の分断

彩乃　だんだん分かってきたけど，ますます「自由に好きな服を着るのは難しい」っていう話になってきていませんか。

女神　そうね。でもまだもっと考えてほしいことがあるの。さっき彩乃ちゃんが，「女性ニュースキャスターで綺麗にメイクしていない人，スリムでない人，50代に見える50代の女性，そういう女性を，大半の人が期待しないのは差別だ」と指摘したわよね。でもその差別に女性自身も加担してしまっているの。

彩乃　それ，ショックです……。どういうことでしょうか。

涼子　その差別は，美の規範が土台となっているんですよね。

女神　そうよ。女性に対して「美の規範があるから教えてあげましょう」とか「美の規範からはずれているからそれはダメよ」などと親切心から，あるいは非難しつつ注意するあの囁《ささや》きを思い出して。

涼子　あ，それ，私よく分かりますよ。第2章で出てきた「お洒落好きの3人の会話」の中で，大学生のAさんは親戚の叔母さんにTシャツを注意されていましたよね。

彩乃　Bさんは，親戚の集まりにはTシャツはおかしいと言っていました。

涼子　初めて会った職場の女の先輩は私のことを上から下までじろっと見定め

た。私と友達は，街中《まちなか》をチェックのミニスカートを穿いて歩く60代の女性のことを「イタい」と笑った。大学生の時，髪型やメイクがお洒落かどうかで友達を選んでいた。こんなこと，数限りなくあるわ。ファッションに興味がある女性ほどこういう経験多いかもしれません。他の女性をジャッジするんです。そしておかしかったら笑ったり，蔑《さげす》んだり，非難したり，無視したり。ひどいな。もちろん大半は心の中で，ですけど，表に出す時ももちろんありますよね。それから，私が，ママ友と会う時は浮かないように気を遣うのも，結婚式に着て行く服はTPOを最大限意識するのも，結局，誰かから「おかしい」とジャッジされるのを気にしてしまうからという理由が大きいと思う。

女神　今挙げてもらった事例はどれも，美の規範の存在を強固にすることに力を貸してしまっていることは分かるわよね。自分自身に対しても，他人に対しても。

彩乃　そうですね，確かにそうだ。私の場合は，美の規範は涼子さんが挙げた例のような，他人を批判するように働くというよりも，綺麗な人と比べて自分を否定するとか，お洒落な人のことを憧れたり羨《うらや》ましく思う，という感じで自分に対して働く場合が多いかな。そういう憧れの気持ちは自分のモチベーションを上げたり自分を向上させたりする原動力になるけど，でもその反面，気持ちの中をよくよく探ってみると，その中には「どうせ自分は……」っていう，僻《ひが》みやいじけとかのネガティブな気持ちが少しは混じっていることもある。それを直視すると辛いから，ないことにしているけど。

女神　美の規範の下では，他の女性の美しさは，純粋な喜びではなく自己嫌悪や妬みの感情，決して満たされない憧れの気持ちの源になってしまうのよ。

涼子　憧れてもそこには辿り着けないんですよね。これをずっとやっていたら苦しいだろうな。

彩乃　私の今の憧れはアパレル子ちゃんだけど，アパレル子ちゃん自身は，とっても性格がいいから他の女性のことはジャッジなんかしていないと思うけどなぁ。

女神　そうね。アパレル子ちゃん本人はそんなことをまったく考えてもいないし，あまり人のことを気にしていないかもしれないわね。でも，本人の意図とは離れて，他の女性が彼女のことを「美の規範の具体例」と見なすならば，アパレル子ちゃんの容姿が他の女性を笑ったり，蔑んだり，非難したり，無視したり，それからもちろんあなたのように自分のことを低く見てしまう時の基準に，勝手になってしまうのよ。

涼子　確かに……。そういうことならますます絶望的になります。だって，もしかしたらその人は美の規範に従っていないかもしれないのに，勝手に「そういうことになってしまう」んですよね。そう考えたら，女性ファッション誌や美容雑誌，ファッション指南本や人気お洒落インスタグラマーなどなどって，この流れを煽っていることになりますよね。

女神　そうよ。女性ファッション誌や美容雑誌は確信犯的にやっているところもあると思うけれど，勝手に「そういうことになってしまう」ということについては，こうも言えるわ。例えばあなたが自分の体で脚が好きだとする。自分に似合うと思うジーンズを自分が思う通りに素敵に格好よく着こなした。その時に，「私は本当に自分でこれが気に入っているから着ているのだ」と思いたいのに，「これはお決まりの女性のセクシーさを表現した着こなしで，私は他の女性よりセクシーで美しく魅力的な女性なのよ，いいでしょ」という気持ちがそこに入り混じってしまうのではないか，ということ。気持ちの中で勝手に，「自分の本当に好きなものを着て楽しい」と「美の規範を再生産して楽しい」が両方入り混じってしまうわけ。自分の思う通りに自由に着ているのか，社会的な美の規範を再生産しているのか，自分でもどちらなのか分からなくなる。

美の規範を強固にすることに，女性自身も加担してしまっていると女神は指摘しました。女性ファッション雑誌はもちろんのこと，他の人の容姿を見ておかしいとジャッジすること，他の人の容姿と自分とを見比べること，こうしたら美しくなるというお洒落情報ですら，社会的な美の規範の存在を強めてしまうことになりうるのです。このことは，女性が自由に装いを楽しむことの大きな障害となります。なぜなら，自分は自由に装いを楽しんでいるのかそれとも規範の再生産をしているのか分からなくなるからです。

彩乃　うわぁ，この規範の威力は相当なものですね。女性の意識をここまで縛るんだ。意識すればするほど縛られるなぁ……。じゃもうこの規範から降りちゃえばいいんじゃないのかな。

涼子　そう簡単にいかないでしょう。だって，美の規範から降りることは女性であることから降りることになるからね。社会では「女性」として認めてもらえない，ということになるのよね。

女神　この規範から降りたと一般的に見なされてしまう高齢の女性と，この規範の中にいると見なされてしまう若い女性の間には，美や装いに関して大きな「分断」があるでしょう。年配の女性が「若づくり」と言われる時，そこには非難の意味が込められているでしょう。「ババくさい」は，年配の女性が好みそうなものをイメージしてわざと貶めて表現している。どちらも誰かを，何かを批判する時に使う表現じゃない？

彩乃　ははは，確かに。お互い認め合えていないですよね。本音ではいがみ合っている，というのは言い過ぎではないような……。

涼子　年齢って，装いにおいては結構分断されていますよね。例えばデパートだと婦人服売り場はなんとなく年齢別に構成されているし，服のデザイン自体が年齢によって違う。二人でいろいろ見た女性ファッション誌も大体の対象年齢はある。私たちも自然とこれは若い人向け，これはマダム世代向けって，区別している。今までそこに疑問を持ったことがなかったな。単純に，年齢がいくと体型や身体の状態が若いころとは違ってくるし，立場や着る状況も年齢による違いがあるのが理由だと思っていたけれど，年齢で分けるのではなく，例えば，好きなテイストで分けてもいいはずよね。なのに，なぜか，「年齢」によって着るにふさわしいデザインが分かれるのは当たり前だと思うんですよね。確かに「分断」ですね。他にも，美や装いに関する分断と言えば，美意識高い子とそうじゃない子の間の分断もありませんか。

彩乃　それ，確実にあるわ。お互いに距離を取っていてなんとなく互いに疎ましく感じていると思う。あと，やたらセクシーな格好の女の子のことを陰で馬鹿にしたり，無駄に敵対視したり。

涼子　そう言えば漫画では，短髪のドジで少し奥手の（でも実は可愛いくてスタイルもいいんだな，これが）女の子の恋のライバルは，髪の毛長くて胸や脚を強調する服を着て男性を性的に誘惑する，というパターンもあるような気がする。

彩乃　これも分断ですよね。どっちがモテるか競争してるんだ。どっちも可愛いんだから勝手にやりなさいよ，ねぇ，ハハハ。

女神　そういうのからも女の子は学ぶのよ。どういう女性が男性から欲望されるのか，を。で，誰が一番欲望されるのか女性同士で競う，ということも学ぶの。

彩乃　あと，いわゆる「モテ服」みたいなのを大学で着ていると「今日どうしたの，何かあるの？」とか「彼氏できたの？」とか聞かれたりする。ひどい場合だと，「なに色気づいてるの」って言われちゃう。

涼子　それって結局，競っているよね。誰かが急に綺麗になったり，モテたりして焦っているのよね。

彩乃　「女の敵は女」ですね。なるほど。美の規範は女性の中に様々な分断を作ってしまうということですね。ちょっと分かってきました！

涼子　今疑問に思ったのですが，「○○系」とかいう，ファッションの傾向あるじゃないですか。あれは分断なのかな。好みの系統で分かれているなら分断ではないですよね。

彩乃　確かにそうだ。「分断」の特徴って何だろう？　年齢も分断？

女神　さっきの「恋のライバル」の話を思い出して。

涼子　あ，そうか。「相手を敵対視している」とか，自分とは「違うので交わりたくない，関わりたくない」という意識があるかどうか，ですね。

女神　その意識の中には，相手の方が「おかしい」「格好悪い」「イケてない」「お洒落じゃない」というジャッジが潜んでいる。だから，自分が相手と同じことをするのは嫌だ，恥ずかしい，間違っている，と感じる。その場合は「分断」と言っていいわよね。

彩乃　そういうマウンティングの意識が伴っているならば，「○○系」という言葉の中には，単にファッションの傾向を示す以上の意味が混じっていて，「分断」にもなるということですね。だったら確かに年齢も，女性の装いで「分断」を作りますね。

女性の容姿に関する美の規範は，女性を分断してしまうということが分かりました。自分はどのように女性を分断して見ているでしょうか。改めて考えてみましょう。

3　どうしてダメなの？

女神　ではこの章の最後に一つ想像してみましょう。涼子さんが言った「街中をチェックのミニスカートを穿いて歩く60代の女性」がいるとする。この装いをしている女性の何が，どうして困るのかしら，こういう女性がいたとしたら誰が困るのかしら。

涼子　改めて聞かれると難しいな。 強いて言えば，年齢に合っていないからなんか変な感じがする，違和感を抱かせる（これが「分断」ですよね），目の保養にならない，かなぁ。自分で言っておいてなんですけど，まぁ失礼な意見ですね。自分の装いがどれほど他の人の目の保養になっているのか考えてから言う言葉よね。

女神　困るのは誰かしら。

涼子　家族とか？　本人は気にしなくても，もし家族がいたら嫌と思うかも……。でも家族がいない人もいるし，家族も気にしない場合もあるしなぁ。

彩乃　でもそう感じるのは，その女性のことを，結局，社会的な美の規範から逸脱しているとジャッジするからでしょう。だから規範を意識しなければいいんじゃないの。あ，でもそれがとても難しい，っていう話だったな。

涼子　そうよ。ちょっと極端な例かもしれないけれど，例えば，身体のラインを強調したり露出度が高いいわゆるセクシーな格好は，20代，30代だったら女性のファッションで一つのジャンルとして許されるけど，それを50代以降の女性がしたら確実に非難されるよね。もし自分の母親がそういう格好をしようとしたら（ありえないけど），私なら即座に「やめて，みっともない」と言ってしまうかも。

女神　あら，それは「年甲斐もなく」っていうことよね。どうしてセクシーに年齢制限があるのかしら。若い女性なら歓迎される（時もある）装いが，単に年齢を重ねて成熟した身体の持ち主になったという理由だけで，非難されたり否定されたりするのよ。それは正当な理由だとあなたたちは思う？

涼子　正直，それは分かりません。スタイルがよかったらいいんじゃないかな……。

女神　スタイルがよいという条件をクリアしないとダメなの？

涼子　そうですよね，でもそれは若い女性でも同じかな……。

彩乃　だからその考え方が「美の規範」なんだって。

女神　お葬式にカラフルな服着てお洒落する，結婚式に招待客も好きな色のドレスを着る，娘の成人式に母親も振袖を着る，ノーメイクの女性ニュースキャスター，ノーメイクの女性店員の接客。これの何が，どうして困るのかしら，誰が困るのかしら。私の母は，自分の葬儀には皆が思い切りお洒落して来てほしいと言っているわよ。それから，結婚式は楽しい集まりなんだから，みんなが思い思いに好きなドレスを着てもいいって考えたらなおさらハッピーにならない？　花嫁は白，なんて決めなくていいのよ。振袖はとっておきの豪華な一着だからせっかくの機会なら誰が着てもいいんじゃないの。一人前の社会人はメイクをしていないと信頼されないのかしら？　信頼感はメイクしているかどうかの問題かしら，この人たちに求められるのはメイクの上手さではないでしょう。もっと言うわよ！　社会人のきちんとした服装というのはどういう服装のこと？　きちんとした服装で相手に敬意を払わなければならないと言うけれど，誰かが「敬意を払ってくれるような服装」をしていないと一体あなたの何が損なわれるというのかしら。

彩乃　うわ，冠婚葬祭のしきたりまでブチ切るのは私には無理だけど，でも女神が言いたいのは，「これの何が，どうして困るのか，誰が困るのか」と問いかけてみて，ということですよね。

涼子　みんながそういう感じでいろいろ疑問を投げかけ始めたら，確かに「美の規範」の威力は今よりもずっと弱くなりそう。そうなったら困るのはマナー評論家とかお作法教室の先生（そんな職業の人いまでもたくさんいるのかな）とか，スタイリストとかの職業の人ですかね。「美の規範」が弱くなったら美容師さんも困るかな。

彩乃　就活のリクルートスーツ着なくてもいいとか。これはいいなぁ。けど，ん？　リクルートスーツはお洒落じゃないけどやっぱり便利だから着るかも……。

涼子　そうそう。あれは目立たないためにわざわざ着ているんだからね。

女神　そうね，そうしたい時もあるし，そういう考え方を好む人もいるわね。自由な自己表現を担うファッションという「お洒落に関わる事柄」と，「基本的なマナーや約束事のようになっている事柄」や「制服などの社会的役割を示す事柄」とが混じり合って女性の見た目という「容姿の問題」として一つにまとめられてしまうから，何でも自由にしましょう，というのは実際には難しいでしょう。でも，女性に喜びをもたらさないような容姿に関する美の規範の力を少しでも薄めていくには，自分が装いについて「○○しなければならない」と感じたら，「この考え方に従わないと何が，どうして困るのか，誰が困るのか」と考えてみることも悪くないわよ。新しい発見があるかもしれないわ。

強固な美の規範をすべて取り去ってしまうことは困難ですが，自分が美の規範を強固にすることにどのように加担してしまっているのか，反省的に考えてみることも時には必要ですね。また，美の規範を意識した時に「この規範に従わないと何が，どうして困るのか，誰が困るのか」と問うてみることは大事でしょう。

Q 1：美の規範について自覚してみましょう

- あなたは自分の外見についてこうでなければならないと思っていることはありますか。
- あなたは自分の外見についてこうありたいと思っていることはありますか。
- それはどうしてでしょうか。
- この人とは趣味が合わないな，と外見から判断したことはありますか。
- この人と親しくなりたいと，外見から判断したことはありますか。

コラム 〈BMI 18〉の恐怖

「シンデレラ体重」なるものをご存知でしょうか。とあるエステサロンが流行らせた言葉で，ガラスの靴を履いても壊れない体重のことです。お姫様のような美しさを目指そうという意味で，SNSでも話題になりました。実はBMI*なら18，身長150センチで40.5キロ，155センチで43.2キロ，160センチに対し46.08キロがそのシンデレラ体重です。細い，というより痩せすぎでは？　と思う人は多いのではないでしょうか。実際，160センチの女性の適正体重とされるのは56.3キロ程度で，シンデレラ体重ははるかに下回っています。これで健康で美しいと言えるのでしょうか？

実際，この適正体重の下限とされるBMI 18.5を下回る，医学的には「痩せすぎ」の人が，20代女性で約20％います。これは第2次世界大戦後すぐの食糧難の時代以上だとか。この飽食の時代に驚くべきことです。それでも約10年前には，痩せすぎの女性の割合が40％近くなり，健康上危険であると警鐘が発せられ，痩せすぎのモデルを出さないなどの社会啓発を行った結果，やや改善したわけですが，若い女性の痩せ願望が衰えているわけではありません。

ダイエットする女性の多くが，このシンデレラ体重を目標にする，と言われています。しかしこれは女優や芸能人など，容姿に特別の価値を持つ人のそれであり，さらにあくまで「公称」ですから，普通の生活を送る普通の人にはほとんど不可能と言えるでしょう。

さらに最近は，インターネット上で太いこと＝ダサい，どんな服装をしてもダサく見える，という言説がまことしやかに語られています。女の子の習い事としてバレエがピアノより人気なのは，身体のスリムさ（と美しい身体の使い方）を得ることができるためでしょう。

なぜ女性はこれほど痩せることを求めるのでしょうか。なぜ痩せている方が美しいと思い込むのでしょうか。異性から好かれるため，と言うなら，逆にシンデレラ体重は禁物です。男性にはむしろ，ぽっちゃり気味の方が魅力的に映ると言われます。男性が望むようなふくよかな胸やお尻は，シンデレラ体重なら望むべくもありません。なのになぜダイエットしてまで痩せようとするのでしょうか。

意識しているのはむしろ同性の目である，と言われます。女同士の方が厳しく服装やセンスを見ているのは，その第一

---

* Body Mass Indexの略，体重と身長から算出される肥満度を表します。体重（kg）÷身長（m）^{2}で算出され，18.5～25未満が普通体重とされる。

条件が「痩せていること」だからです。

しかし実際には,「痩せないと」と思う人の大半は痩せる必要がありません。標準体重あるいは自身の適正体重ではなく,美しい私＝女優並みのシンデレラ体重であり,それを目標とするなら,まず終わりない永遠の闘いに陥ることになります。

ダイエットは癖になる,と言われます。つまり,自分の体重をコントロールすることで自己肯定感を得ることができ,痩せると褒められるので,自分を好きになれる,というわけです。すると,もっともっとという感じに,終わりのない体重コントロールに陥ることになります。思春期痩せ症と言われる摂食障害が起こりやすくなり,骨粗鬆症や不妊の危険があっても,それが自分の肉体のこととは考えられない,自己の認知が歪んでいると見られる人が多くいます。自分は太っている,痩せなければならない,という思い込みがどこから来るのでしょうか。それこそ女の子は,小学生向けの雑誌でさえ,痩せている＝美＝モテる,という図式を意識に叩き込むような情報のシャワーを浴びています。そこで女の子は,痩せて美しくなければ評価されない,という規範が内面化されてしまいます。他者の眼差し,それも自分が「こう思われているだろう」という推測での眼差しに縛られ,「痩せなければ価値のない私」になってしまうことになります。

その根底には,自分に自信がないこと,自分の価値を自分で決められない弱さがあるのではないでしょうか。日本では特に女性は,自分の意志を通すよりも周囲の期待に沿うことを求められ,評価されますから。自分であることを,誰も肯定してくれない,誰かにとって都合の良い自分であることを求められる,だからと言って,他者に合わせて評価されても自分には違和感が残ってしまう。実は,その違和感を解決するには,相手の基準を無批判に受け入れ,「痩せていること」をよしとする価値観で思考停止している自分に向き合う他はありません。

本当に自分は痩せたいのか,痩せて何をしたいのか,それを考えることは,痩せるためのエネルギーと時間をもっと使いたいこと,つまり,痩せること以上に情熱を燃やせる,より自分らしい生き方を選ぶ第一歩になるのではないでしょうか。だって,痩せていなくても,あなたはあなた,あなたであることが最も美しいのですから。**(森田美芽)**

〈MEMO〉

第5章 「美の規範」と「消費」の共犯関係

1 理由は説明できない

彩乃 どうしたら好きな服を自由に着る自信や勇気を得ることができるのかについて，今までたくさん話をしてきました。「そんなことはできない」とか「自分はダメだ」と思う主観の問題，内面と外見がループしている仕組みとか。主観の問題を単に個人の問題として片づけてしまうのではなく，むしろ「社会の問題」として捉えたことで，「美の規範」の問題にも気づけました。

涼子 そう。「美の規範」によって女性は自分を否定的に見たり，他人を批判したりする。それで女性同士が分断してしまう。この規範の存在は強固すぎてそう簡単には打ち破れないけれど，でも問題の根本に何があるのか，理解できてきました。

彩乃 だけどねぇ，分かったけど，やっぱりまだ好きな服を自由に着るっていうのには遠いです。それに，たとえ自分が本当に「好き」と思える服を着たとしてもそれが「美の規範の再生産」に勝手になってしまうこともある，という話を聞いたら，もう，何をしても無理じゃないかと思います。こうなったら今まで通り，アパレル子ちゃんと同じものを買って同じように着ていても，「もう別にいいよね，自分らしくなんて難しいこと考えなくても」って思う。

涼子 私はまだもう少し希望を持ちたいな。「自分が好きだと思うもの」が何かを探ってそれを自由に着られるのが理想だわ。彩乃ちゃんだって，「アパレル子ちゃんが好き」っていうのは「自分の好み」なんじゃないの？ そこの感覚をもっと大事にしたら，ただの「アパレル子ちゃん似の自分」とはもっと違う別の自分が見えてくるんじゃないのかな。

彩乃 それはあるかもしれないね。好きでアパレル子ちゃんの真似して買って着ているんだからね。そこには私の「好みの自由」とか「真似する自由」があるよね。だって，アパレル子ちゃんの真似は誰かに強制されたわけじゃないもんね。

裕太　そうそう。それは自由なんだよ!!　だからそこをもっとじっくり考えてみようよ。どうして好きなのかとか。

彩乃　そうよね！　希望が見えてきたかも!!　いや，でも「どうして好きなのか」は難しいなぁ。だって「好き」なんだもん。感覚的なもの。理由はうまく説明できないなぁ。敢えて言葉にすると普通の雑誌とかのキャッチコピー風になっちゃうかも。で，他にどういうことを考えたらいいかな，えっと……，えっと……。

涼子　アパレル子ちゃんが着ている物，勧めている物が全部欲しいわけじゃないでしょ，そこから選んでいるじゃない，その基準とか。それから，体型はまったく同じじゃないでしょ，自分なりに着方を工夫して，アパレル子ちゃんよりいいなと思えた時はどんな風だったかとか。アパレル子ちゃんが着ている「〇〇系」のファッションを少しずらして別のジャンルのものを見て，自分がどう感じるかとか。混ぜてみるとか。

彩乃　涼子さん凄い！　ファッションカウンセリングできそう。

涼子　あらそう，ありがとう。でもこういうこと，お洒落指南本にはたくさん書いてあるじゃない。

彩乃　そう言えばそうでしたね。私たちたくさん見ましたもんね。私は全然情報が身についてないわぁ。

涼子　でもね，私も実は同じなのよ。彩乃ちゃんに聞かれたから言ったけど，じゃあ自分でそういうことを考えたかというと違うのよね，いや，もっと正確に言うと，考えてみようとしたけれど，答えがよく分からなかったのよ。

彩乃　私もそうです。さっきの質問を聞くと，「なるほど，そういうことか」と思うけど，いざ自分で考えようとしたら納得がいく答えを出せる自信はありません。

涼子　そうなのよね。「自分の好きを掘り下げる」という試みが難しいならば「好みの自由」とか「真似の自由」って言ってもあまり説得力ないよね。だって本当にそれを自分が好きで選んでいるんだって理由も説明できないということになるからね。だから結局，どうしてそれを着ているのかというと，なんとなく流行っているからとか，人と違うのが嫌だから，恥ずかしいからとか，好きだという直感で，という理由になるのよね。そこに「これを選ぶ」という，選択する自分の意思みたいなものがあまり感じられないよね。「好きな服を自由に着る」っていうのは本当に難しいんだね。

女神　あのね，あなたたち二人の「自由」っていう話に水を差すのは嫌だけど，最後にもう一つ話をしましょう。

彩乃　うわぁ，この話も引っくり返されるんだ……。女神，怖いわ……。

裕太　だから，今さっき，「自分の好き」を掘り下げられないなら，「好みの自由」も「真似の自由」も説得力ない，って涼子さんが言ったじゃない。

女神　そうね，そういう話をしましょう。

好きな服を自由に着るために，「自分の好き」が何かを探ってみようとしましたが，うまく言葉で説明できません。服を選ぶ時「なんとなく選んだ」「感覚で選んだ」としか言えないならば，「自由に選ぶ」ということにも説得力がないのではないかということになりました。

2　無能感と罪悪感

彩乃　あのさ，ここまで来てなんだけど，もはや，単純な話をわざわざ難しくしているだけのようにも思えてきた……。

涼子　もう少し頑張ろうよ。

女神　どうしてそれが好きなのか，なぜこれを着たいのか，言葉でうまく自分で説明できないのね。もちろんそういうこともあるでしょうし，それが悪いというわけじゃないのよ。装うことは感覚的な楽しみの側面がとても大きいし，直感で選んだものこそ，純粋に好きなものだということも大いにありうるわ。でも，「感覚で」とか「なんとなく」と言って選んでいるというその現状を，別の観点から見てみましょうよ。

涼子　どういうことが言えるのでしょうか。

女神　「なぜ？　どうして？　本当に？」という思考を挟む余地なく，感性が動かされるということよ。繰り返すけど，ピンときた，直感で選ぶことが悪いと言っているわけじゃないのよ。それを別の角度から考えてみましょう，と言っているの。例えば，ピンクのランドセルを選ぶか青いランドセルを選ぶかは，単に好きな色の違いでしかないと言えるかしら。そこには「好きなものを直感で選んだ」とは言い切れない「意味の差」があるかもしれない，というのは分かるでしょう。これは分かりやすい例だけど，他の角度からも考えてほしいの。いろいろなメディアの情報や雑誌の記事，広告，コマーシャルは，女性が外見や美容のことをいつも気にかけていて次々と物を買って消費してくれるように感性に働きかけていることを考えてみて。しかもそれは社会における「美の規範」を作り上げている，という話は前にしたわよね。

裕太　確かに，次々買わせるためには，「なぜ？　どうして？　本当に？」といちいち立ち止まって女性が考えていたら売れないし，服とかシーズン遅れになって売れ残ってしまったらメーカーは困るな。

涼子　そして，女性が美容関連の消費額をぐっと抑えるようになったら，経済はどうなるんだろう？

裕太　女性は男性より頻繁に髪型を変えたり染めたりするのはお金も時間もかかるし面倒じゃないかと思っていたけど，確かにあれは経済効果があるな。

女神　しかも，単に「美しくあれ」という規範だけではなく，そこに「あなたらしく＝女性らしく」という規範も入り混じっている，ということだったわよね。

涼子　だから，流行の服やメイクにそれほど関心がないという女性でも，「自己実現」という角度からどうしても「女性らしくあること」を考えていかなくちゃならなくなって，もちろんそれは大きくは生き方の問題なのだけれど，それが容姿をどう整えるかということにも絡んでくるんだよね。

女神　「消費」と「美の規範」は共犯関係よ。お互いがお互いを必要としつつ互いに強め合いながら，女性に対して圧力をかけていると考えてみて。

裕太　なるほど。美容グッズや服はほとんどの年齢層を通して，必然的に女性にとっての関心事となってそれを買わなければ，と思わせるということだね。

これは確かに大変だなぁ。

涼子　そうよ。だから,「なんとなく流行っているから，好きという感覚で選んでいる」と思っているだけなら，いつまでたっても「美の規範」の威力も変わらないし，女性の分断もそのままかもしれないよ。

裕太　でもさぁ，僕の周りの年代の女子を見て思うけど，みんな可愛いよ。そんなに問題がある外見をしているとは思えないよ。だからもう十分だとは思わないの？

彩乃　思うわけないじゃない。女性の外見について「○○しなければならない，○○でなければならない」と圧をかける「美の規範」があるんだから。

女神　女性が，どれだけ努力しても無能感・罪悪感がぬぐえないようにしてさらに買わせる仕組みよ。

彩乃　無能感と罪悪感？

涼子　「○○しなければならない，○○でなければならない」という規範があるけれどそれに合致しないと,「自分はダメだ，できないのだ」と思うことですよね。

女神　その通り。そして，規範とは，それに従うことが善いこと。従わないのは悪いこと。

彩乃　なるほど。「○○しなければならない，○○でなければならない」という規範に合致しない自分は「ダメ」で,「悪い」んだ，間違っているんだ。

女神　例えばダイエットを例にすると，女性らしく脂肪がついた身体を「太りすぎ」と言って女性に痩せることを推奨する社会は，それを一方では「美の問題」，他方では「健康」や「自己管理の問題」なのだと言う。ということは，スリムでなければ美しくない上に，自己管理もできない無能な人間で，それは悪いことなのだと思わせることになるでしょう。

裕太　ただの体型の話が善悪の問題にもなっている……。体型と自己管理の問題は男性にも共通する部分があるけど，女性の場合は男性よりもっと複雑なんだよね。

涼子　そうだね。気がついたんだけど，もしかして直感の正体は無能感と罪悪感かもよ？ 「なんとなく流行っているから買う」とか「好きという感覚で買う」という理由の背後には，実は無能感と罪悪感があるのかなって。無能感と罪悪感を直視したくないから，消費する理由を自分の頭できちんと考えないで，「なんとなく流行っているから買う」とか「好きという直感で買う」と自分に言い聞かせているんじゃないかな。

彩乃　え，何それ。すごい話じゃない？　もう少し詳しく聞かせてほしいな。

涼子　つまり，装うこと全般を含む，女性の容姿に関わる「〇〇でなければならない」「〇〇しなければならない」という「美の規範」は，女性の生き方のモデルケースとも結びついて，強く女性を縛っている。

裕太　とにかく，女性の装い，美容，生き方まで含めて，「何らかの基準があるのだ」，だから「〇〇でなければならない」「〇〇しなければならない」と思い込む。女性の外見に関して，何か従わなければならない「〇〇」があるのだ，というのが「美の規範」だったよね。

涼子　そう。そしてとにかく「〇〇」がたくさんあるの。「〇〇」は情報に乗って次々にやってくる。だから私たちは次々と服や美容グッズ，化粧品を買ったり，美容院に行ったり，ダイエットしたりする。でもこれはやってもやってもキリがないの。決して終わらないの。

女神　「〇〇」の部分が空白だからよ。そこに色々なものが次々入るのよ。その中には矛盾したものもあるの。もちろん，一つの大きな方向性があるようには見えるわよ。でも中には矛盾しているものもある。あなたたちが見たいろいろな雑誌情報やお洒落指南本の中には，逆のことが書かれていたりしたでしょう？　とにかく，女性の美しさや生き方について，あれこれ言うことができるの。「〇〇しなさい」，「〇〇でなければ」って。そうしたらほとんどの女性がこの規範のどこかに引っかかるから。女性を引っかけておいて，規範の上に乗せておいて，それを求めさせ，でも逆も見せる。ね，これでは決して終わらないし，不安よ。

彩乃　なるほど。そういうことか。前章よりも「美の規範」についてさらに理解が深まりました。だから買っても買っても，やってもやっても満たされないんだ。

女神　「美の規範」の下で，根本的な欠乏が作り出されているのよ。女性に無能感と罪悪感を抱かせることで，自分は「価値がある」「有能である」と感じることができないようにして自尊心を奪ってしまうからくりよ。この仕組みが支配的ならば，いつまでたっても女性は装うことで幸せになれないでしょう。

彩乃　別に必要じゃないのに同じような服をまた買ってしまったとか，たくさん持っているのに新色が出たからという理由でリップ買って帰ったら，似たような色のリップ何本も持っていたと思った時とか，罪悪感を感じます。

裕太　それはただの買い過ぎ，無駄遣いっていう罪悪感でしょ。

彩乃　そうなんだけど，どうして無駄遣いしちゃうかってこと。無駄遣いしたなっていう罪悪感を感じ続けると，自己否定や無能感になるよ。「自分はダメだ」と思ってしまうんだもの。

涼子　それ，分かるわ。買う時には「好きだな」とか，「似合うわ」とか「新色カワイイな」とか思うわけ。それが自分にとって必要だと感じるのよ。

彩乃　そうそう。だって「もっと可愛くなりたい」，「もっとお洒落になれたらいいな」って思うもの。だけど買って満足したかと言うと，それは一瞬のこと。その後は，「これでいいのかな」とか「次は別のものがいるんじゃないか」とか思っちゃう。

女神　「美の規範」の下では，女性は「もっと○○しなさい」，「次は××しなさい」と次々に言われている気がするのよ。「もっと美しく」「もっと若々しく」「もっとお洒落に」という時点で，それまでの自分を越えたワンランク上の自分を目指そうとしているでしょう？　「もっと○○」と思い続けるのは，「これではダメだ，足りていない」という根本的な否定や欠乏がベースになっている。これが罪悪感や無能感を感じさせるのよ。

裕太　欠乏か……。何かに飢えた状態がわざと作られているんだ。必要なものを必要な時に買う，ということじゃないんだよ。わざわざ買わせているんだ。

彩乃　これが消費社会ってことよね。自尊心が奪われているわけか……。これで一体誰が幸せになるんだろう。本当に難しいね。「自分らしく」とか考えずに，鈍感なまま生きるのがいいような気がしてきたわ。

「消費」と「美の規範」は共犯関係にあります。「なぜ，どうして，本当に?」といちいち立ち止まって女性が考えていたら物は売れません。女性が無能感や罪悪感を抱く飢餓状態を作り出し，それを覆い隠すために次々と感性に働きかけて買わせる仕組みがあるのではないか，と考えてみてほしいのです。

彩乃　罪悪感とか無能感の理屈は分かったけど，今一つしっくりこないな。だってその中でも私たち，お祭りみたいに仲間内でキャッキャッ言いながら次々に消費して，その流れに乗ることを楽しんでいるとも言えるから。
女神　それはファッションの純粋な楽しみとして確実にあるでしょう，否定はしないわ。
裕太　女子は買い物好きだもんね。「可愛い」「可愛い」の連発だよ。
涼子　正直に言うけど，あれは，「物」が可愛いんじゃなくて，(いや，もちろん可愛いけどね)，「可愛い」って言ってる「自分」が可愛いのよ。
裕太　え？「可愛い」って言って自分を可愛く演出しているのか。
彩乃　まあね。そういうこともあるわよ。
女神　それで話を戻すと，「美の規範」を使って女性に物を買わせる社会と，でもそれに楽しみながら仲間で乗ってしまう女性，という構図があるということね。
彩乃　そうです！　その構図を意識した上で敢えて乗っているかというと，私の場合は違うと思うし，周りの皆もそうじゃないかな。それが「なんとなく」とか「流されて」ということじゃないかな。その構図に乗れという空気もあると思うし。しかもそれがないと，何がいいのか決められないんじゃないかな。
涼子　私は「美の規範」の話を聞いてから，少しは意識しています。あ，これが規範の圧力なんだなって。意識すればするほど，至る所で感じますよ。服なんか買いに行ったら，ショップスタッフの人の言葉一つ一つが気になるし，インスタグラムも，広告塔として投稿していないものでもものすごく圧を感じるようになりました。「これとてもいいからあなたも買ったら」というメッセージだらけです。「もっと，もっと」と煽られている。
裕太　その話はさっきも少し出たよね。何が「もっともっと」なの？

涼子　それはいろいろあるのよ。ショップスタッフの人は「もっとお洒落に素敵に」「もっとあなたらしくなるにはこれです，これがお似合いです」「今年はこういう感じですよ」と言うの。とても親切なアドバイスで有難いけれど，このアドバイスは別の見方をすれば，本人の意図とは離れて，「美の規範」と「消費」の共犯関係を作っているとも言える。それに対して，「なぜお洒落じゃないとダメなのよ」「似合うって具体的にどういうことよ」「流行だからという理由でなぜ勧めるの」とかいちいち突っ込んでたら何も買えなくなっちゃうし，第一，買い物が楽しくないわ。

彩乃　そうそう。買い物って，ショップスタッフの人との共同の「ノリ」みたいな時，あります！　そういうの，楽しい！　だから女性に物を買わせるというのもあるけど，それに「楽しんで乗る」というのも両方あるよね。

涼子　うん。でも今私たちが分かったことは，そういう構図に見えるけれども，そこには「美の規範」を強める力が何か働いている，ということだよね。コスメを買う時も同じ。「もっと白く，眼を大きく，肌を艶やかに毛穴レス，フェイスラインはすっきりさせて，皺大敵」とか。要するに，あの手この手を使って「もっと若々しく綺麗に，もっと女性らしくあれ」という「規範」が強化されていくわけよ。

女神　今の話のように，一つの現実を多層的・複眼的に見ることはとても大事よ。

涼子　でもね，自分の行動を客観視して，これは「美の規範」の再生産だと思ったとしても，まあ，結局，買いたい時には買ってしまう。

彩乃　確かに。頭で分かっていても，そうできないこと，多いですよね。多層的に見ると，自分がちぐはぐなことをしているように見えるんだ。

女神　自分の考えていることと行為が一致しているか，意図した通りに行為が意味づけられるのか，別の文脈に行為をおいて眺めてみるとどういうことが見えてくるのか。こういったことをよく考えてみると，矛盾した自分がいることに気づくでしょう。それが分かったら釈然としない気持ちになったり，以前ほど美容や買い物を楽しめなくなるかもしれない。でもそれこそ多層的・複眼的に見るということ。だから見えてくる現実よ。

「美の規範」と「消費」の共犯関係は，「美の規範」を使って女性に物を買わせる社会と，でもそれに楽しみながら乗ってしまう女性，という構図として捉えることもできます。女性は，仲間内で情報交換しながら次々消費をし，その流れに乗ることを楽しんでいるとも言えます。しかし，あの手この手を使って「もっと綺麗に，もっと女性らしく」と働きかける社会において，服を買うという自分の行為を多層的・複眼的に見てみると，まるで自分がちぐはぐなことをしている感じにもなるでしょう。

女神　もう一つ「美の規範」に関して大事なポイントは，私たち女性にとって「ありのままの自分を認めること」がゴールになっているとしても，それは理想像を経由して認めるという仕組みになっていることよ。

彩乃　分かるなぁ。私は，そのままの自分を認めることをゴールにしつつも，アパレル子ちゃんを経由してそこに辿り着く，ということですよね。誰かと自分を「比較する」んです。そこには「美の規範」がいろいろと働いていることは今までたくさん話をしてきました。

女神　そうね。アパレル子ちゃんは実在の人物だからまだお手本にしやすいけれど，理想像がもっと抽象化した場合もあるわよ。

涼子　理想像と言えば，パリのマダムとかですか。それ関連の本とか雑誌の特集とか結構あります。日本人の女性はフランス好きだよね。

女神　そうね。少し抽象度が上がったわね。でもパリのマダムはまだ具体性があるわ。写真がたくさん載っていたりするでしょう。もっともっと抽象的になるとどういうのがあるかしら。

彩乃　イメージってことですよね。1950年代のアメリカ女性とかそういう感じ？　これは結構イメージの部分が大きいですよね。でも写真や広告は残っている。だからもっと抽象度を上げると……。

涼子　いつまでも美しく若々しい，幸せな人。華のような存在感。そこにいるだけでそこはかとない雰囲気のある人。自分らしいファッションを楽しんでいる素敵な人。等々。

彩乃　あ，雑誌のコピーにもすごく似てるのがある!!　そういう特集，時々ありましたよね。

涼子　これはかなり抽象的だよね。もうね，こういうのを真面目に理想像として設定して，自分と比較する対象にしたら，自分はそれには及ばないからダメだという無能感・罪悪感は強くなるわ。どこをどう比較するのよって感じ。

彩乃　幻を目指しているんだからね，しんどいわ，それ。

裕太　どうして？　ただのイメージじゃない。楽しんだら？　具体性のある理想の方がはっきり示されてしんどいんじゃないの。

涼子　もちろんそういうこともあるけれど，イメージだからこそのしんどさがある場合もあるでしょう。示されているものが具体じゃないから，何をどうしても自分は絶対にそこには到達できない，不十分だといくらでも言えるでしょう。だから，次々服やコスメを買いながら，髪型や自己イメージを調整しながら，ダイエットしながら，女性は心の奥底では無能感・罪悪感を募らせる。

裕太　だから，雑誌はこういうテーマを繰り返しやって消費に結びつけるんだ。そう考えると，雑誌や広告は単なる情報や流行発信とは違う側面もあるね。

彩乃　今まで雑誌やSNSは情報や流行発信するものと思って見ていたけど，もはやそう思えない……。これも多層的に見るということですよね。キツイなぁ。

女性が「ありのままの自分を認めること」ができればどんなに素晴らしいことでしょう。けれどもそれが，何らかの理想像を経由して行われる仕組みになっているならば，どうなるでしょう。理想像と自分を比較するのです。その理想像は具体的なものから抽象的なものまでいろいろあります。

3　多様化していないファッション

裕太　ところでそれだけいろいろ買ったり変えたりしているのに，申し訳ないけど，それほど前とは違わないんじゃないかと思うよ。例えばこの前美容院に行って髪を染めてきたと言ってた女子がいたけど，正直，前の色との違いがいまいち分からなかったし，新しい服やメイクでも，イメージチェンジしたというわけでもないから，どこが変わったか分かりにくいよ。

彩乃　それはちゃんと見ていないから分からないんじゃないの?

裕太　女子の間では分かるんだよね。お互いによく見ているんだね。常に相手と自分を比較しているということかな。

彩乃　まあそういう人もいるかもしれないけどね。自然に分かるんだよ。

裕太　この前，100年前の世界の人々の写真が載っている本を見たけど，そこにはいろいろな服装をした人が写っていたよ。日本なら着物を着て街を歩いている人が普通にいたし，いろいろな国や地方には伝統的な民族服のようなものを着ている人がたくさんいてとても興味深かった。そういう違いならはっきり分かるけど，いま，僕たちはそんなに違う格好をしていないよね。

涼子　確かにそうかも。世界中を見渡すと，服装や髪形とか，外見については100年前の人たちみたいな差は今はないよね。伝統的な民族服のようなものを着ていた人たちは，今は私たちと大して違わない服を着ているんじゃないかな。

女神　とにかく衣類は世の中に毎年沢山出回っている。たくさん種類があるように見えて，実は差はあまりないのよね。

彩乃　この前の授業の時，女子は流行っぽいデザインのワンピース着ている子と，シャツとかカジュアル系のトップス着て下はジーンズとかの子と，だいたい二つに分かれてた。足元は今はスニーカーが多いよね。

裕太　男子ならさらに差は少ないよ。シャツのちょっとした柄の違いぐらいだよ。色もだいだい同じようなのを着ている。

女神　それ，考えてみたらおかしな現象じゃない？　だって多様性が謳われるこの現代社会でファッションは多様化せずにむしろ単一化の方向に向かっているということよね。

彩乃　ファストファッションの影響？

裕太　安くて質のよい商品を大量に供給するのは悪くないよ。服が買えずに差別されていた人たちにとっては特にね。

涼子　お金を持っていることを見せびらかすような格好をするのはスマートじゃない，と考える人にもいいよね。

彩乃　そうだね。これも多層的・複眼的に見ないとね。他にファッションの多様性に関して何が言えるかな。

涼子　「性差を越えて」の多様化は確かにあるにしてもそれ以外の多様化はあるのかな。「美」には一定のモデルや方向性があるということは前にも話したよね。

彩乃　そうそう。日本の女性はまだ多くが目は大きくて二重《ふたえ》，肌は白くてつやつやなのがいいと思っているでしょう。引き締まった身体，プロポーションの均整が取れている，等々。この点に関しては，私は多様性をあまり感じられないな，同一化の方向が強い気がする。でもそれに比べると服の方がまだバリエーションがありそう。すごく個性的なデザインの服もあるよね。

裕太　そうだよね，でもさ，そういう個性的な服を着た人が実際どれぐらい僕たちの周りにいるかな。

彩乃　うーん，あまり見かけないよね。どうして私たちは，それほど大きく違いがないような服を着ているのかな。あまり売ってないから？　売ってないのは私たちが買わないから？　それは結局，みんなと一緒じゃないと嫌だから？

裕太　でも，ここでもう少し多層的・複眼的に見てみようよ。さっき，僕たちは似たようなトップスを着ているっていう話だったけど，よくよく見たら違いはあるよね。

彩乃　確かにね。去年と同じようなデニムパンツもどこか少し違っていたりするからね。パッと見て誰にとっても違いがはっきり分かるような差異はないけど，よーーく見たら分かる，って言うやつよね。

涼子　なるほど，そうだ。単純に多様化していないと決めつけるのも早計だよね。

裕太　でもその違いはとても細かいので，見る人が見ないと分からないぐらいになっているなら，うーーん，どうかな？

彩乃　通なら分かるってことよね。渋くない？　この違いが分かる人間ってことで，自分を他より特別な存在だと思えるよ。

女神　人間には，集団の中に溶け込んで他と同じでいたいという同一化の欲望と，他とは違う独立した存在でいたいという差異化の欲望があるのよ。ファッションはその二つの欲望にうまく作用しているのよ。

彩乃　二つの欲望があるなら，どちらかだけに極端に傾くのは不自然かもね。アパレル子ちゃんに似ているって言われたら単純に嬉しいだけじゃなくて，「私はただのコピーじゃないか」って思えて，何か複雑な気持ちがしたのは同一化の方に行き過ぎたんだ。

裕太　なるほど。だから，自分が本当に好きなものは何か，自分らしいお洒落は何か，っていう差異の方が今度は気になって，僕たちとの会話を始めた，と言えるよね。

涼子　ところで，多様性がいいならどうして他の人の着こなしを「イタい」と批判したり，人とは違う好きな格好をしている人のことを笑ったり，おかしいとジャッジしたりするんだろうね。

裕太　それに「性差を越えて」といっても，ファッションで女性が男性の方に行くのはOKだけど，その逆，つまり男性が女性の方に行くのはまだあまり受け入れられていないよね。

彩乃　そうだね。そう言えば，女の子がメンズシャツを着ると，彼のをちょっと借りましたって感じでかえって女の子らしさが際立つあざと可愛い感じになるって聞いたことがある。

裕太　（へえ，そういうやり方があるんだ。）

女神　それは性差を越えているように見せかけて，逆に女の子らしく見せるというやり方で，性差を強調しているわね。

涼子　それ，よく言われますよね。それから，女性がパンツスーツを着るといっても，男性用のスーツを女性が着るわけじゃないよね。「女性向けのもの」を着るんだよ。確かに，タブーだった男性用の服を最初に着た女性は，その時は性差を越えるチャレンジをしたはず。だけどそのあとで，それが「女性らしさを引き立てる新鮮な着こなし」になって，そうしたらやがて「女性向けのパンツスーツ」が女性服の中で一つのジャンルとして確立するよね。つまり，「男性用のスーツ」と「女性用のパンツスーツ」という性差はやっぱりあるのよね。だから私は，ファッションに関しては，多様性はまだまだだと感じるわ。

彩乃　今までずっと，女性がどうしたら好きな服を自由に着て楽しめるのかについて考えてきたけれど，やっぱりとても難しいという結論になっているよね。

「ループする主観の問題」，「美の規範」，「美と消費の共犯関係」，「男女の非対称性」，いろいろ理解できたことがあります。

涼子　好きな服を着ることは，単に個人の主観の問題ではなく，社会の問題とも絡んでいるという発見はとても大きかった。

彩乃　たくさん考えて少し賢くなった気がするけど，でも，そのせいでかえって前みたいに友達とキャッキャッ言いながら次々消費する流れに乗るのが楽しめなくなったかもしれない。これって，考えることでさらに不幸になったんじゃないの？

裕太　じゃあ，考えない方がよかったってこと？

彩乃　分からない……。考えたことにどんな意味があるのかな。

女神　では最後に，どうしたら女性が好きな服を自由に着ることができるのか，これまでの話を振り返って考えてみましょう。

彩乃　（女神，今の私の話，聞いてなかったのかな？）

女神　聞いていたわよ。でも，さらに考えてみましょうと言っているの。ここから後の話に辿り着くために，今までの話があるようなものよ。考えることは，それ以前の自分とは違う自分になることでもあるの。以前の自分ならばこうしていた，こう思っていたけれど，それとは違う考え方，感じ方になるのよ。しかも考えるためには立ち止まる必要がある。だから，以前の自分から見たら違和感があるかもしれない。でも確実に視野は広がっているでしょう。そうやって人は成長していくのよ。

裕太　成長したくなければ考えなくてもいいんだよ。

涼子　ここまで来たら最後に，自由に装うことについて考えてみましょうよ。きっと何か可能性があるはずよ。女神は，そのために考えてきた，と言ってるじゃない。

女神　幸せでありたい，自由でありたいと思うなら，何が幸せや自由を阻む制約になるかを理解することはとても大事。しかもその制約は自分だけのものではなく，他の人にも当てはまるものならなおさら，それのどこがどのように問題で，どのように変えればよいのか考えていくのよ。そのために私たちは考えるの。ある決まりごとや強固となっている考え方が，人を幸せにしないならば，それは変えるか取り払う必要があるでしょう？

現在の私たちのファッションは多様化しているでしょうか。あなたはどう思いますか。女神たちは，商品はたくさんあるけれど単一化の方向が強いのではないかと言っています。そしてなぜ私たちはわざわざ問題を見つけ出し，考えようとするのか，女神はその理由について語っています。

Q1：それを選ぶ理由は？

- どのような時にあなたは服やコスメ，服飾小物を買いますか。それを選ぶ理由を，あなたはいつも考えますか。
- 必要に迫られて買うことが多いですか。
- 好きという自分の感覚を重視して買いますか。それ以外の理由はありますか。
- 誰かに勧められないと買わないですか。

Q2：あなたは欠乏した状態でしょうか。

- 自分は女性としてダメだという思いを外見に関して感じるのはどのような時ですか。
- その時，あなたはどうしますか。
- 外見をよりよくするよう，もっともっとと煽られている気がしますか。誰に，何に煽られているように思いますか。
- コスメや服など，外見を美しくする物を買う時に楽しいと思いますか，それとも別の感情がありますか。
- 雑誌やSNSの情報について，疑いを持ったり，違和感を感じたことはありますか。

Q3：装いは多様化しているでしょうか。

- 身近な人たちの装いを見てみましょう。どこが違っていますか，どこが同じですか。

- 個性的だと思う人の装いと，そう思わない人の装いを見比べてみて，何に気づきますか。
- あなたは他の女性のメイクや髪形の違いに敏感に気がつく方ですか。
- あなたは，服装，メイク，髪型などで大きくイメージチェンジをしたことがありますか。
- 性差を越えた装いの多様性について，あなたはどの程度許容できますか。

コラム　「性別を装う」ということ

服が好き，お洒落になりたい，自分をよく見せたい，かっこよくなりたい，モテたい……あるいはファッションには興味ないなど，人それぞれ装うことの意味は違います。ここでは「装うとは何か」ということについて，トランスセクシュアル*の人々（以下，TS）の視点から考えてみたいと思います。

1. あなたは男性ですか？　女性ですか？

早速ですが，皆さんは日常で自分や他人の性別をどの程度意識して生活していますか？　ほとんどの人が自分は男性か女性かということが無意識的に分かるし，目の前の人が男性か女性かの区別をつけられると思います。しかしTSにとってそれは当たり前のことではありません。多くの当事者が自分では自分のことを男性／女性としか思えないのに，自分の身体はその特徴をしていないという違和感や矛盾を抱えて生活しています。また，見ず知らずの人に対しても，もしかしたらこの人は男性／女性ではないかもしれないなどとも考えています。

私たちの社会では未だに生まれた時には戸籍上で男女が決定され，同性同士では結婚もできません。トイレや温泉のように男女が分かれている場面は日常にたくさんあり，人々は何気なく男女を区別するような発言をしています。TSはこの性別規範にあふれる社会で日々，自分や他人，社会から突きつけられる性別という現実と向き合い続けています。皆さんにはこのような状況や心境を想像できるでしょうか。もしあなたが，自分は自分のことを男性だと思っているのに自分の身体が女性的な特徴をしていたり，自分のことを女性だと思っているのに自分の身体的特徴が男性的であったりすれば，どのように生活するか一度考えてみてください。

2. 自分で自分を規定してしまうカラクリ

性自認と身体的性別が一致しないこと，希望する性別で生きられないことはとても苦しいことです。どうすれば自分は男性／女性と見られるのか，どうすれば自分の望む性別で生活できるのか，どうすれば自分の身体を隠すことができるのか，

* TSとは，生物学的身体的性別（以下，身体的性別）と性別の自己認識（以下，性自認）が一致しない人々のうち，性自認と合致した身体的特徴を希望するような人々です。分かりやすく言えば，「身体的性別が男性／性自認が女性で女性的な身体」，「身体的性別が女性／性自認が男性で男性的な身体」を希望する人たちのことです。

変えることができるのか。TSがこのように性別や自分の身体への意識を強くしてしまうのも当然のことのように思えます。また自分の性別を意識しすぎてしまうあまり，なぜ自分は男性／女性に見られないのか，なぜ自分は男性／女性ではないのかというように，自分自身を責めてしまうような考えを持つことも自然なことでしょう。

その一方で，少し立ち止まって考えてみると，性別規範からはずれてしまっている自分を責めたり，嫌悪したりしながらも，その規範に従う形で生きようとするTSの姿も見えてきます。社会には男／女の区別によって様々な規範があり，TSはその規範から外れてしまっていることで生きづらさを感じていると言えます。にもかかわらず，その規範からはずれないようにしようとするというのは，規範に従っていない自分の姿は間違っているという劣等感を自分自身で生み出していると考えることはできないでしょうか。

一見，TSの悩みの原因は，「男性／女性とは○○である」という性別規範にあるように思えますが，悩みの原因になっているはずの規範からはずれないように，規範に従うようにしようとすることで，自分自身がその規範を再生産し，強化してしまっていると考えることもできるということです。そしてこのように考えてみると，性別違和感を解消しようとすればするほど，性別の違和感の原因である性別規範を強化してしまい，性自認と身体的性別の不一致を解消できないという構造を自分自身が生み出し続けてしまうということが分かります。

TSは「男性／女性とは○○である」という性別規範を正しいと思うからこそ，それに従った身体的特徴や容姿，振る舞いに近づくように努力します。しかしそれは，自分自身が性別規範に従おうとすることでその規範を再生産してしまうという自己矛盾を抱えることに他なりません。性別についての社会的規範の背後には，単に規範があるということ以上に悩みの原因であるはずの社会規範を自分自身が無意識に再生産してしまうという構造が隠れています。

3.「性別を装う」とは

このような自己矛盾とも言えるような規範の再生産の構造に気づかないまま，自分自身が見たくない，他人に見られたくない自分の姿を自分や他人から隠すことを望むような状況を「性別を装う」と呼びたいと思います。「性別を装う」とは具体的には男性／女性的な身体や容姿を望むと同時に，自分を苦しめているはずの性別規範を自分自身が再生産する状態を指します。例えば，自分の男性／女性的な身体の特徴を隠したり，性自認にあわせて服装やメイクで外見を着飾ってみたり，手術などの医療的手段を用いて身体的特徴を変えたりすることによって，自分の嫌なところ見なくて済むようにするということです。

「性別を装う」ことによって，表面上

は性自認と身体的性別の不一致は解消されますが，それは自分の身体を隠し，他者からどのように見られているかということを常に意識して，性別を装い続けなければいけない状況を生み出します。また，もし「性別を装う」中で，自分の希望する性別に見られないような場面に遭遇した場合は，途端に自分自身が不安定になってしまうようなことも想像に難くありません。特に，男性／女性として生活したいのに，社会的に男性／女性に見られない，扱われないというようなことがあれば，より男性／女性的に見えるように性別を装う方へ向かうでしょう。

そして何より，性別を装い続けるということは，自分を苦しめる性別規範を再生産し続ける自己矛盾です。自分の望む性別で生きるために性別を装っていたTSは，気付いた時には自分の希望する性別に見られるようにするために，性別を装い続けなければならない事態に陥り，自分自身が気付かないうちに自分を苦しめる規範を自分で再生産し続けてしまうのです。これはとても不自由な生き方と言えるのではないでしょうか。

4. わたしは本当にこの服を着たいのか

「性別を装う」という形で他人から自分の身体を隠すということはまた，「自分を装う」ことを純粋に楽しめないということでもあります。自分の希望する性別の特徴に合わせて，身体的な特徴を変えるために手術したり，服や靴などを身につけたり，ネイルをしてみたり，髪型を変えてみたり，ということもできます。しかし，繰り返しですが，それらは性別を装わなければならないことに対する根本的な解決にはなりません。本来，「装う」とはその服を着ればワクワクする，楽しいから身につけるというように自分がしたいからするようなものであって，それが他者の目や自分自身から自分の身体を隠し「性別を装う」ためのものになってしまっては楽しくないですね。

だから例えば，男性が女性的な，女性が男性的な服装をするということや，もっと言えば性自認が男性のTS（＝自分を男性だと思っている人）が女性的な恰好をすること，ドラァグクィーン（＝派手な衣装やメイクなどで女性の性を誇張して演じる人々）のように男性／女性的な特徴を大げさに魅せ，自分の劣等感を敢えて楽しんでみるような装いのあり方は，男性だから，女性だからこうあるべきだという意識に囚われずに，TSが自分自身を見る目を変えるきっかけになるでしょう。

もちろんこれはTSにだけあてはまることではなく，多かれ少なかれ誰にとってもあてはまることです。どのような人でも，どのようなあり様であっても，他者からこう見られたいという受け身な気持ちや自分の身体や容姿に対する劣等感ではなく，自分をこう見せたい，自分はこうしてみたいという可能性に「自分を装う」ことを楽しむきっかけがあるでしょう。

皆さんは，自分自身の劣等感を隠すた

めに装うことはないですか？　他者の視点を拠り所にして装うことを楽しめていないというようなことはないですか？　無意識に従っている規範や自分を苦しめている自意識はありませんか？「劣等感を持つ自分を装う」ことを楽しめていますか？　自分や他人を決めつけることなく，多様なあり方を敢えて楽しんでみることに，自分自身の劣等感や規範を再生産せずに生きられる可能性があるのではないでしょうか*。**（岡村優生）**

＊　本コラムを執筆するに際して次の文献を参照しました。伏見憲明『ゲイという［経験］』増補版，ポット出版，2004年。

〈MEMO〉

第6章　装いの不自由から自由へ

1　装いの自由を目指して

涼子　今までいろいろと考えてきて，まず一つ大きかったのは，個人の主観の問題に思えていたことが社会的な問題とも関わっていることの発見で，それによって，「私の服」を入り口としてより大きな「社会の問題」につながる通路を開拓できたということです。

彩乃　ああ，それは確かに勉強になった。

裕太　僕は，ファッションは自己表現の一つの手段であると改めて言われると，確かに，と思ったな。今まで男性でファッションに拘《こだわ》るのはアート系の特殊な趣味の人とか，モテたいおやじとか，そういう偏見のような考え方しかなくて，自分とは別だと思ってた。だけど，大学でジェンダーレスのファッションをして浮いているように見える同級生が，どうしてそういう表現を選んでいるかの理由について話してみたくなったよ。

涼子　浮いているということはつまり，ファッションが「差異化」の方に働いているということよね。少数派ならなおさら，直感でとか，なんとなく，以外の理由が聞けるかもしれないわね。

女神　自分とは違うと思って関わらなかった相手と関わってみようという興味が出てきたのね。素晴らしいじゃない。

彩乃　今の話の延長線上で言えば，同じ系統のファッションをしている者同士は，外見のパッと見で仲間意識が生まれるんじゃないかな。

涼子　誰と誰が仲間かをファッションは示すことができるのよね。これは「同一化」の方ですね。

女神　ファッションは同じ価値を共有していることを一目で伝えることができるメディアよね。そう考えると，ファッションが様々な垣根を越えて仲間をつなげる可能性を作る希望になるでしょう。

彩乃　そうですね，それは希望があるけど，でも現代のファッションには多様性はあまりないという話だったから，同じ価値の共有って言っても，どんなファッションの人同士が何を共有し合うんだろう。

裕太　多数派に対して差異が目立っている少数派同士の場合はできるんじゃないかな。さっきも例に出したけど，ジェンダーレスファッションをしている者同士とか。

涼子　女性だと，会社でパンプス履かないとか，化粧しない，っていうのがあったでしょ。そういう人同士は，価値の共有できるよね。でも多数派に対するはっきりした差異を表現していなくても，「趣味」や「テイスト」程度のちょっとした差異の部分でも価値の共有はできるよ。

彩乃　あ，そう言えば以前私は，手作りの刺繍をしたバッグを持っていたら，電車で隣に座った年配の女性から声をかけられて，しばらく刺繍の話をして楽しかったな。確かに，仲間を一瞬で見分けられるかも。そしてファッションがきっかけで関係が作れるかも。そういうことよね。だけど一方では，「美の規範」の威力は，社会でも個人の意識の上でも，強い。この話はどうしたらいいのかな。だから好きな服を自由に着られないという話。というか，そもそも何が好きなのか自分で分からない，ということだったよね。

裕太　問題の核心を突いてきたね。

女神　そうね。「好きな服は本当に好きなのか」「自由に着ることは可能か」，という二つの問題に分けてみましょう。一つ目の問題。これは正直に言って答えられない。あなたが答えを自分で見つけるしかないと思うの。まずはこう言っておきます。次に二つ目の問題よ。これはいろいろ言えると思うわ。

涼子　私が最初に言いたいのは，例えば，自分はメッセージＴシャツは嫌いだとかジャージが嫌いだ，それではおかしいと思っていても，それを着ている人のことを「それでよい」と思えること。つまり，他人の装いや外見を否定したり，批判するのではなく，自分は自分，人は人，と思えること。これはとても大切だと思う。「自分はこう」という意識を持つ。自分の責任で。

彩乃　自分の責任で，ってどういうこと？

涼子　「美の規範」の存在を理解できれば，どんな時に規範の力が働くのか分かるでしょう。「今，美の規範の力が自分の意識の中でこの人に対して働いているのだ」と分かれば，自分の言動が規範の再生産になっているかどうか，自分の意識をコントロールできるようになると思う。もちろん100％コントロールはできないよ，でもこれは一種の自由じゃないかな。だから，自分の責任の範囲だと見なせるのよ。
彩乃　ということは，すぐに他の綺麗な女性と自分を比べて，自己否定したりいじけたりしないことにも関係していますよね。自分に対して規範が働いていることを自覚してその力を弱めようとコントロールすることですよね。要するに比べないことか。頭では分かるけど，難しいよね。
涼子　確かにそう。だけど，どういう仕組みになっているか理解して，意識すれば，それがまったく分からなかった時と比べたら，できるよね。
彩乃　そうか。

「好きな服は本当に好きなのか」「自由に着ることは可能か」，という二つの問題に分けてみましょう。ここでは，「自由」の意味について，「美の規範」の存在を理解していれば，どんな時に誰に対して規範の力が働くのかが分かり，自分の意識を自分でコントロールすることができる，ということだと説明されています。

2　もう一つ上の自由

裕太　でもそれ，自由と言えば自由かもしれないけれど，無理して抑え込んでいないかな。
彩乃　うん。なんか自分の意識をよく観察して自分に忠告する，っていう感じがするよね。自由と言ったら何かもっと開放的なイメージが欲しいんだけど。
女神　解放ではないけれど，少し違う観点から説明してみましょう。「美の規範」は，女性には「自分らしくあれ」と「女らしくあれ（理想の女性像に近づけ）」という二重規範として働きかけてくることがある，ということだったわよね。この二つの規範は，自分の中で矛盾なく調和する場合もあれば，分裂や矛盾する場合もあるでしょう。どちらにしてもその二つがつながり合うのは〈自分に〉おいてなのよ。「美の規範」の理屈が理解できれば，自分はその二つの規範のうちどちらを優先させて生きるのか，二つは自分の中では矛盾するのか，調和するのか，今はどういう状態なのか，これからどういう状態でいたいのか，それを意識的に選ぶ自由が〈自分に〉存在することも理解できるでしょう。

涼子　なるほど。これは，装うことにおいて，確実に自由であると言えるポイントだわ！　発見!!

彩乃　なんか難しかったけど……。

裕太　さっきの自由とは違う。これはもう一つ上の自由，という感じだね。

涼子　「自分らしくあれ」と「女らしくあれ（理想の女性像に近づけ）」という規範は，様々な形で社会からやってきて私たち女性の意識に大きな影響を与える。でも外部の影響を受けずに生きる人間なんていないから，それが不自由の原因で，だから自由に装うのは無理と結論づけるのは，ここではナンセンスよね。大事なのは，やっぱり「美の規範」の仕組みを理解することよ。

彩乃　それをきちんと理解して自覚することが，自由に装うことに近づく道なんだ。

裕太　それに，今の話は，楽しみながら消費してお洒落することを否定していないよ。それを選ぶ自由が自分にある，ということだよ。

彩乃　ああ，なんかそういうことなら嬉しいな。自覚するということよね。

女神　それは要するに，ただ何となく，流されて，感覚で，という状態から，思考する状態になるということよ。しかもそのどちらも，〈自分で〉選べるということよ。

裕太　もう一つ上の自由，つまり高次の自由だね。その考え方，すごいね。興味深いよ。ついでに言うと，これは，一度選んだらずっとそのままじゃないといけないってことじゃないよね。

彩乃　そういうことなら，すごく自由な感じがする。

涼子　必要だと思う時，その都度選ぶということですよね。選んだ結果が自分の中で一貫していなくてもいいんだ。

女神　高次の自由の考え方は，首尾一貫性を求めるものではないわ。首尾一貫性が大事だと考える人はそうしたらいいし，選択の結果は以前とは違っていてもいいのよ。

彩乃　「自分らしくあれ」と「女らしくあれ」という二重の規範の間で，その都度，自分で考えながらバランスを取って生きるっていうことか！

涼子　そうよ！　なんか今の彩乃ちゃんの結論だけ聞くと，女性の生き方云々とかの本にさらっと書いてありそうなことだけど，今は私たち，〈順を追ってきちんと自分の頭で考えた〉から，どうしてそういうことになるのか，よく分かりました!!　考えるのって楽しいし，大事ですね。

裕太　僕も，女性の装いの話なんて，自分に関係ないと最初は思っていたけれど，今の話は面白かったよ。装うことに関して，すべてを自由にということは確かに難しい。でも今の話は，何が自分の中で制約として働いているのか，何が自分と他人をジャッジする規範になっているのか，それを自分がどう感じているのか，何を取り払えばいいのか，そういったことを一つ一つ確かめて，可能ならば自分ではずしたり調整したりバランスを取ったりすることはできる，という話だよね。それを行う自由はあるんだよ。高次の自由の話は，他の話題にも応用できそうだよ。

涼子　そうね。

彩乃　それ，どういうこと？

裕太　うん，そうだなぁ，女性の装いと関係ないところで言うなら，向上し続けないとダメ，自分の能力を磨き続けないとダメ，いつも健康でいなければダメ，とかいろいろあるよね。この考え方が自分の中で制約，つまり規範ってことだね，そういうものになっていると思うなら，その考え方は本当に必要なのか，その考え方はどこから来たのか考えてみる。

涼子　主観の問題が社会の問題とつながっていたでしょう。このことももしかしたら同じかもしれない，どこかで社会の問題につながっているかもしれないと，批判的に考えてみる，ということよね。

裕太　一つのことを深く考えていくと，他のこととどんどんつながっていくんだ。

ここでは高次の自由について語られています。「自分らしくあれ」と「女らしくあれ」という二重規範となって働きかける「美の規範」は，自分の中で矛盾なく調和する場合もあれば，分裂や矛盾する場合もありますが，その二つがつながるのは結局，〈自分に〉においてです。「美の規範」の仕組みを理解すれば，その二つの塩梅について考えながら意識的に選ぶ自由が〈自分に〉存在することが分かるでしょう。そして一貫していなくてもいいのです。揺れ動いてもいいのです。

3　規範とならない美

涼子　ところで，何が美しいかを決める「美の基準」がなくなると，美も醜もないということですよね。それは多分社会においてありえないし，それがない社会はきっと味気ないですよね。

彩乃　ただその基準が，「〇〇しなければならない，〇〇でなければならない」という規範になって働きかけることが問題なんだよね。

裕太　ということは，規範とならない美は，人を楽しませ，幸福にする。

彩乃　おっ，なんか名言がとび出した。期待が持てる言葉だよ，それ。

裕太　純粋に美を楽しめる社会ってどんな社会なんだろう。誰もが自分の感じる「美」を表現できて，お互いがそれを称賛したり楽しんだりするんだよ。

彩乃　楽しそうだね！　朝起きて今日は何を着ようかなと思った時，出掛ける前に今日は何を着て行こうかなと思った時，クローゼット開けたら好きな服ばっかりで，その中から自由に，好きに選べるなら，なんて楽しいんだろう！もしそれが叶うなら，確実に人生の質が向上すると思うな。

涼子　自分の身体や顔を使って，自分の感じる「美」を表現できるの。だから自分らしさが素直に出せる。自分が幸福でありつつ，それが他の人を快適にしたり，幸せにしたりすることにつながるんだよ。自分の装いが，何か素敵なものを他の人に「与えて」いるの。

彩乃　それは，誰かの外見が他の誰かに対して否定的に働くことがない，ということですね！

涼子　そうよ！　そういうことなら，もう一度お洒落しようという気が出てくるわ！

女神　その時に忘れてはならないのは，自分の感じる美や，「自分の好き」を服やメイクや身体を使って表現したいとは思わない人，そこに興味がない人，あるいは自分自身がそう思えない時があったとしても，それでももちろんOK！と皆が思えることが望ましい，ということよ。

裕太　そんな社会になったらいいよね。これが多様性っていうことじゃないのかな。高次の自由の先に見えてくる景色のような気がする。それが，僕たちが求めたい社会なんじゃないかな。

彩乃　「規範とならない美」を皆が楽しめる社会だよね。

女神　そうね。前章で，「○○でなければならない，○○しなければならない」という「美の規範」の，「○○」の部分には，いろいろなものが入るという話をしたわよね。そして，大きな規範があってそれは一定の方向に向いているように見えるけれども，規範の中身同士矛盾しているものもある，といことだったわね，覚えている？

涼子　はい。だから，皆がある意味好き勝手に「○○じゃないとダメ」と言えるんでしたよね。

女神　ええ。つまり，「美の規範」が強固な社会では，女性は装うことに関して「○○でなければダメ」と言われておきながら，「○○でなくてもよい，××しなさい」と言われるの。だから，不安で仕方ない。

涼子　すべての「美の規範」にパスする女性はいないから，すべての女性が不安を感じることになる。

女神　けれども，「規範とならない美」を皆が楽しめる社会なら，この不安から解放されることを期待していいはずよ。

裕太　うわぁ，これも自由だよ。

女神　とっても素敵でしょう。この想像力は本当に大事よ。

彩乃　そういう社会の中では，自分が感じる「美」は，誰の真似でもなく，

「自分の好き」なんだよ。たとえそれがどこか他の人と似ていたとしても「私はこれが好き」と堂々言えるんだ。

女神　その通りね。だから，ここで一つ目の問題，「好きな服は本当に好きなのか」の答えに近づいてきたことが分かるでしょう。

涼子　「規範とならない美」，がポイントですね。

彩乃　確かにそうだわ。ということは，やっぱり「美の規範」の仕組みを理解することが大事なんだ。

女神　それを理解して，自分の言動が「美の規範」の再生産になっているかどうか，自分の意識をコントロールする，他人と自分を比較してジャッジしない。「自分らしさ」と「女らしさ」の二重規範について考えて選択する。これを繰り返していくことで「規範とならない美」が自分の中で見えてくるかもしれないわ。

彩乃　さっきの話とつながっていたんですね。

涼子　ここまで来て，自由に装うというとは，TPOも含めて様々な制約を一切なくすことではないことが分かりました。社会の中ではいろいろな制約はやっぱりあるだろうし，必要な場合もあると思う。だけど，何のためにそれがあるのか。自分と，周りの人が心地よい気持ち，幸せな気持ちになるためにあるならいいんだ。

裕太　または，少なくとも自分の外見が理由で周囲に不快な思いをさせないように，という心遣いで何らかの制約を自分に課すならば，それはいいんだよ。

彩乃　なんか最後にマナーみたいな話になってきたね。

裕太　そうだね。でもこれを平凡な結論と言ってはいけないよ。他の誰かが既に言っていること，皆が当然だと思っていることを単にオウム返しのように言っているわけじゃないんだよ。僕たちずっと考えて辿り着いたんだから。

涼子　その通りね。繰り返すけど，そのいろいろな制約は，自分や他人を批判したり，他人を見下したり，優越感を抱いたり，富の差を見せびらかすようなものとして働く場合もあるので，注意が必要よね。

女神　その通り。制約がネガティブな方に働いているのではないかと思うなら，もしかしたらその制約は不要ではないかと，ぜひもう一度問うてみてほしいの。

もしあなたたちが誰か他の人の装いを見て，おかしいとか，イタいとか思ったのなら，どうして自分はそう思ったのかを考えるのよ。そして，どうしてその人がそういう格好をしているのかも考えてみる。装いを通して，他の人の考え方や好み，その人が生きている背景にまで考えを巡らせることはできるでしょう？

彩乃　なるほど。自分では絶対に選ばないデザインの服を見た時，これを買う人はどういう人なのかを考えてみるのもありだよね。

涼子　そうよね。ファッションマウンティングするのではなく，そうやって他の人に対する開かれた想像力を使うんですよね。

女神　ええ！　そういう想像力の使い方はきっと「規範とならない美」へと辿り着く一歩になるでしょう。

涼子　今私たちが最後に考えたことは，ただの「こうなったらいいな」という想像じゃないんですね。

女神　そうよ！　想像することから始まるのよ。頭の中で想像できなかったら現実は創れないでしょう。考える力，想像する力をもっと信じていいのよ。そこから人間は社会を変えてきたの。幸せを作り出す装いをすべての人が楽しめる社会，もっともっとみんなで想像・創造してみましょうよ!!

（第1〜6章（各章末のコラムを除く）執筆担当：倉本香）

コラム　なぜ男性の脱毛は「アリ」なのに，スカートは「ナシ」なのか

最近，ヒゲの脱毛をする特に若い世代の男性が増えているそうです。パートナーや友だちがヒゲ脱毛をしているという人や，SNSで男性向け脱毛サロンの広告を見たことがあるという人もいるかもしれませんね。ヒゲだけでなく，全身の脱毛を行う男性もいます。脱毛サロンなどが実施している調査でも男性の脱毛について賛成という意見の方が多く，社会的にも男性の脱毛が受け入れられつつあると考えてよさそうです。

一方，最近ではSNS上でファッションとしてスカートを穿いている男性を見かけるようになりました。トランスジェンダー女性（生物学的身体的性別は男性で性自認が女性）のように性自認が女性というわけではなく，お洒落アイテムとしてスカートを使う男性です。中でも，見た目からは男性とも女性とも判断がつかないような“中性さん”の人気があるようです。“中性男子”，“中性高校生”というような言葉で検索をすると，中性的な容姿の人の画像が数多くヒットします。

また，学校の制服も，例えば男子は学ラン，女子はセーラーというように男女で分けるものではなくなってきて，男女共通のブレザーを指定する学校や女子のスラックス着用を許可する“ジェンダーレス制服”を採用する学校も全国的に増えています。これらの変化から一昔前に比べて，社会的には美容や服装の男らしさ／女らしさの区別は薄れ，ジェンダーレス化が進んでいるように思えます。しかし本当に私たちのジェンダー意識は変わりつつあるのでしょうか。

ここで，皆さんに質問をしてみたいと思います。男性であれば自分自身が脱毛することに抵抗はありますか。女性であれば身近な男性が脱毛することについてどう思いますか。あるいは，トランスジェンダー女性の脱毛についてはどうでしょうか。同様に，男性のスカート着用についてはどう思いますか。それがトランスジェンダー女性であったらどうですか。もちろん，脱毛もスカートもまったく気にならないという人もいれば，脱毛はいいけれど，スカートには抵抗があるという人もいるかもしれません。あるいはトランスジェンダー女性ならOKだけど，男性の場合はNGと感じてしまう人もいるでしょう。

ここで注目したいのは男性の「脱毛はアリ」なのに，男性の「スカートはナシ」と感じてしまう私たちの違和感についてです。もっと言うと，なぜ女性は脱毛もスカートも「アリ」なのに，男性のスカートは「ナシ」なのかということで

す。そもそも，脱毛もスカートを穿くという行為も，従来は女性が行ってきたことという点では同じはずですよね。にもかかわらず，私たちは，女性が男性的な容姿であることよりも，男性が女性的な容姿をしているということに敏感であるように思います。

例えば，「女々しい」という言葉があるように，男性が女性的であるというのは一般的にはマイナスに捉えられがちですが，男性的な女性に対して，「男前」という言い方は好意的な意味で用いられています。男性が女性的な場合はマイナス，女性が男性的な場合はプラスとして捉えるようなこれらの言葉には，私たちの中にある「男性よりも女性が下」という内面化されたジェンダー規範が隠れていると言えるのではないでしょうか。

私たちは，男女差別はいけない，自分はそのようなことはしないと表面的には男女対等に接したり，考えたりしているつもりでいますが，無意識に男女をその特徴の差以上に非対称的なものとして捉えています。「男子のスカート」に対する抵抗感や違和感，拒否感は，私たちが内面化している「男性よりも女性が下」というジェンダー規範に「男子のスカート」が反しているからこそ生じる感覚です。

男らしさ／女らしさが明確に区別されていた時代に比べて，最近では男性がメイクやネイルをしたり，脱毛をしたりするなど見た目に気を遣い，美意識が高いことについて，特に若い女性からは支持されているようにも思えます。しかしこれは見た目に気を遣っている「男性」として，魅力がプラスに捉えられているということでしかありません。実際に男性が脱毛をする理由としても，「剃るのが面倒，肌が弱い，清潔感」が挙げられています*。この理由にこそ，そこに身だしなみを整える以上の意味はないから男性の脱毛が許容されるということが表れています。

同様に中性的な雰囲気の男性がお洒落として身につけるスカートも魅力がプラスされるものとしてのみ受け入れられています。いわゆる男らしい男性のスカートを穿く姿に抵抗感があるのは，男性が女らしいことが，私たちのジェンダー規範に反していると感じられるからです。つまり，男性の行う女性的な行為が許容されるのは，あくまでも「男性」が「男性」として魅力をアップするという理由がある上での話ということです。もしそれを行う理由が「女性的」と認知されれば，途端に否定的な印象を抱く人も多いと思います。

繰り返しですが，男性が「女性的」な行為を行う場合に許容されるのは，オシャレやトランスジェンダーなど，その人が女性的な行為をする特別な理由がある

＊「サロン内アンケート公表！　脱毛したいと思った理由は？」PRTIMES（https://prtimes.jp/main/html/rd/p/000000084.000005300.html）（2023年1月30日参照）。

場合のみです。例えば“ジェンダーレス制服”を採用する学校の一部では，すでに性別に関係なく自分の希望する制服着用が認められていますが，それもLGBTの児童生徒に配慮してということがほとんどです。

そのような中，とある高校では，「なぜ男子がスカートを穿いてはいけないのか」と感じ，「スカートを穿いてみたい」，「ファッションとして」という理由でスカートの制服を選択する男子生徒がいるそうです。その生徒はLGBTではないかと思われたり，奇異な目で見られたりすることもあるけれど，自分がスカートを穿いて学校生活を送ることで，少しずつ同級生の意識も変わってきたと話しています*。本来，何を着るかに特別な理由はいりません。どれだけ私たちが「男子のスカート」にモヤモヤしようとも，何を着るかの選択肢の一つとして当たり前のようにスカートを選択する男性がいる，このような現実や実践の中に，私たちが自分自身に潜むジェンダー意識と向き合うきっかけがあるのでしょう**。

（岡村優生）

＊ 「僕がスカートを履く理由」NHK，WEB特集（https://www3.nhk.or.jp/news/html/20210416/k10012974451000.html）（2022年9月23日参照）。

＊＊ 本コラムを執筆するに際して次の文献を参照しました。伏見憲明『性という［饗宴］対話篇』ポット出版，2005年。

さらなる学びのために

私は何を着たいの

皆さん，いかかでしたでしょうか？　これまでの箇所では，ファッション（＝装い）に関するいくつかの事例を，女神との対話を通じて取り上げてきました。そこでは私たちが日常，一見何気なくしているように思われる服装にさえも，私たちの隠れた意識や願望，他人や社会との関わり方が色濃く反映されているということが，様々な角度から指摘されました。こうした私たちのあり方は，人間の自由や主体性および，他者の存在と他者を前にした人間の対象性というテーマと深く関わっています。ここでは，女神を中心に繰り広げられた会話の中に見出された，ファッションにまつわる諸問題を，哲学的な観点から見ればどのように考えられるのかを指摘し，皆さんの気づきをさらに深めていくきっかけとして提示したいと思います。

1　自分とは何？　自分とは誰？

自分はどんな風に人に見られているの？　多くの人がそうした疑問を日々抱きつつ生活しているのではないでしょうか？　その一方で，「自分らしく，ありのままに」という考えも広く支持されています。近年大ヒットしたディズニー映画『アナと雪の女王』でも，こうしたテーマが取り扱われていました。人と違った能力を持つ自分を押し殺し，その姿を隠しながら生きてきた主人公エルサは，本来の姿を明らかにし，自己を偽ることから決別する決心をします。人とは異なった自分に向けられる様々な好奇の眼差しから解放されるためには，多くのものを犠牲にしなければなりませんでした。エルサが自由を熱望しながらも，それとは逆に愛する人たちのために自らの自由を犠牲にし，ある時は人々の好奇の目と戦う姿こそが，この映画が人々に感動を与える要因になったと言えます。

ではなぜ〈自分らしさ〉において服装が問題となるのでしょうか。服装は人間の外見の大部分を占めています。例えばマスクの着用が義務づけられる場面であれば，私たちは自分の顔すらまともに見せる機会が限られる場合もあります。これに対しては服装はどうでしょうか。私たちは服を着ないで外に出ることはありませんし，どんなにお洒落に無頓着な人でも，何らかの衣服や靴や帽子などを身につけて外出しています。そうした意味においても，服装は私たちが好むと好まざるとにかかわらず，他者に対して自分を表現するための，万人に共通の手段であると考えられるのです。そしてこのことは逆に言えば，自分が他人からどう見られるのかを決定する要因として，服装というものが大きな役割を果たしていることを意味しています。あらたまった場所にフォーマルな装いで参加することや，就職活動はリクルートファッションで行うことが，それをよく表しています。そしてそこでもやはり服装を選ぶという行為において，私たちが「表現したい自分」というものが現れていることは明らかです。

このように，服装（あるいはファッション）は，自分を表現するための手段として認知されていますが，その捉え方は各人によって様々ですし，時代背景や年齢などによっても異なります。それに加えて，就職活動の際や学校の制服を身につける場合，私たちは必ずしも自分の好きな格好をして出かけているとは限りません。すなわち，時と場合によって諸々の制限があり，服装それ自体が，その人が置かれている状況をそのまま表していると言えるのです。したがって私たちは，自分を表現する仕方を自分で考える能力を持っている一方で，与えられた制限の中でそれを行わざるをえないのです。このように考えると，「私は何を着たいの？」と問うことは，単に自分がどうありたいかということのみならず，自分の置かれた状況では，それはどう表現可能かを考えることにつながるのです。

2　私を動かしているのは誰？

そこで問題となってくるのが，人間の主体性についての問いです。私たちは自分自身が行う決定について，いったいどれだけの権限を持っているのでしょうか。私たちが自分自身で決定したと思っていることも，実は周囲の意見や他人の評価に左右されて行われていることが，少なからず存在するのではないでしょうか。よって服装について考えることは，こうした人間のあり方を探ることにつながるのです。

私たちが服装について取る態度を二つに分けて考えてみましょう。制服のような決められた衣服を身につける場合と，自分で自由に服装を考え，コーディネートするような場合です。両者はまったく異なった態度で服装を決定しているように思われますが，その根底にあるものは共通しています。それは「なりたい自分」です。制服を身につけるということは，自分が一定の集団の一員であること，そこに所属して規律に従って生活しているということの証であり，それを目に見える形で表しています。ですから，この場合，自由に服装を選ぶという仕方とは異なりますが，やはり社会の中での自分の位置づけの目安となるものを自ら選び取っていると言えるのです。このような人間のあり方を，フランスの哲学者ジャン＝ポール・サルトルは「実存」と呼んでいます*。「実存」とは人間が石ころのように物体的に存在するのではなく，可能性や未来（の自分）を目指して，現在の自分を乗り越えようとする働きを指しています。このサルトルの有名な言葉に「実存は本質に先立つ」という言い回しがあります。それによれば，その人が何であるかは，人間が自分の理想を目指して，様々な選択を行う企ての結果としてのみ明らかになるということになります。そしてこのように考えると，服装は自分が目指すあり方を自ら創造していく人間の営みの一つであると言えます。それによれば，実直で勤勉，強くて頼りがいがあるといった自分の理想のイメージを，私たちはこうした表現手段を通じて，他者に向けて発信しているのです。

では私たちは，自分の服装を選択することによって，本当に自己を「なりたい自分」に近づけていると言えるのでしょうか。それは自分が今日選んだその服装が，「本当に自分が着たい服」と一致しているのかどうかという問題に行き着きます。リクルートファッションがその典型と言えるでしょう。この場合，「自分が選んだ」ということと，「自分が着たい」ということとは，イコールでありません。ご贔屓のアニメのキャラクターを真似たファッションで会社訪問をする人はほとんどいないでしょう。そしてそれは，仕事着のような公的な場合だけではなく，友人と出かけるといったような，プライベートな場合にも及

---

* ジャン＝ポール・サルトル／伊吹武彦訳『実存主義とは何か』人文書院，1996年，42頁。

んでいます。好きな人に会う時には，多少なりとも相手の好みというものを意識するのではないでしょうか。言い換えれば，こうした私たちの選択には，社会の価値観，すなわち他人の目が，少なからず介在していると考えられるのです。

以上の観点から言えることは二つあります。一つ目は，私たちが服装を通じて自己表現（あるいは自己プロデュース）を常に行っており，そこで「理想の自己」を常に問題としながら存在しているということです。これは先ほど述べた実存主義的な視点から見て，根本的に人間が自由な存在であるということと深く関わっています。ただし私たちは，人間のもう一つの側面も忘れてはなりません。それは，私たちが自分達の自由の現れである（と信じている），自らの選択が，様々な社会的な価値観や他人の意見を反映し，それに多くの部分を支配されているという側面です。これらの点を考慮すると，服装というものは，私たちが自己を自由に表現できるということの現れであるとともに，私たち自身が様々な価値観の囚われの身であるということを表す指標であって，相反する人間の側面を象徴するものであると考えられるのです。

3 「見せる」あるいは「魅せる」ということ ──〈対象存在〉としての人間

現代は空前のSNS社会です。インスタグラムやYouTube等をはじめ，文字のみに留まらない写真や画像による自己表現とその演出が，他人に自分の姿を発信し，あるいは逆に，他人がどうであるのかを知るための重要な手段となっています。そこではもはや，インターネット上のもう一人の自分が，「本当の自分」として存在しているとも言えます。皆さんは，このように他人に向かって発信される，もう一人（あるいは複数）の自分について考えたことがあるでしょうか。このもう一人の自分は，他ならぬ自分自身（場合によっては，請負人）の手によって，プロデュースされ，演出されたものです。そして私たちは，それをあたかも他人の姿を眺めるかのように見ることができます。つまり，自分を徹底的に客観化し，そこから受け取られるイメージについて考え，それを反芻することによって，「他人から見られた自分」について考えることができるのです。

お店で新しい服を買う時に皆さんは何をするでしょうか。おそらく，何よりもまず鏡の前に立って，その服を着た自分の姿を眺めるか，あるいはそれを着た自分の姿を想像し，それをどこに着て行こうかと思いを馳せるのではないでしょうか。服装を選ぶという作業は，「他人から見られた自分」が念頭に置かれているという点においては，自己を客観化するという作業につながるものであり，その意味では，インスタグラムへの投稿に代表されるような，現代社会におけるSNSを通じた自己表現作業の原型としての側面を持ち合わせていると言えます。したがって自分で自分を演出することによって，他人から見られた自分の姿を効果的にコントロールするための，最も有効な手段の一つが服装と言えるのです。

アメリカの社会学者アーヴィング・ゴッフマンは，自己の特性が人間関係に依存することに着目し，私たちが自ら行う印象操作によって，他者に対する自分自身の価値を高めようとする傾向について論じています*。すなわち，私たちのアイデンティティの形成それ自体が，他人に対する自分の見られ方を操作する働きに依存しているのであって，私たちは他者との関係性において，それに応じた様々な自分のあり方を形成していくのです。例えば，大学生は大学では〈学生〉という身分ですが，それと同時に病院に行けば〈患者〉ですし，アルバイトをしていれば雇用される立場にもなります。さらにもし子どもがいれば，親という立場を日々務め上げることが求められます。ゴッフマンも指摘しているように，そこではもはや，「自分が何であるか」という問いは，「自分が他人にどう見られるのか」という問いへと置き換わっていきます。

おそらく皆さんの多くは，スマホで撮影した写真を自由に加工して，楽しんだことがあるのではないでしょうか。最近では証明写真なども修整加工することができます。自己を演出するということは，「ありのままの自分」を「なりたい自分」へと近づけるために必要とされる作業であり，現代社会ではこの作業なくしては，私たちの自己表現は語りえないとまで言えるのです。

---

* E. ゴッフマン／石黒毅訳『行為と演技――日常生活における自己呈示』誠心書房，1974年，7-8頁。

4　社会という足枷── 自分を作るのは社会？

このように私たちの日常生活において，「自己表現」と「自己演出」は限りなく等しい位置づけにあると言えます。逆に言えば，こうした作業がなければ，私たちは，自分自身を表現する術《すべ》を失ってしまうとさえ言えるでしょう。そこで立ち止まって考えてみる必要があります。それは「自分の核となるものは何か」という大変難しい問いについてです。果たして，私たちの存在には個人個人の核となるような，かけがえのないものが確固として存在するのでしょうか。それともまるで玉ねぎのように，どんどん皮をむいていけば，最後にはもはや何もなくなってしまうのでしょうか。ここでもやはり，自分というものがどのように作られていくのかという問題を考える必要があります。

生涯を通じてサルトルの伴侶であった，シモーヌ・ド・ボーヴォワールは，女性性について，「人は女に生まれるのではない，女になるのだ」という有名な言葉を残しています*。この言葉には，女性性が社会によって作り出されたものであり，それが自然的に存在するものではないという，批判的なメッセージが込められています。人が社会的に「女性」として認知されるには，「女性らしい」服装や言葉使い（そして古くは女性に一般的であった職業）が，要求され，そうしたものがあって初めて，社会の中で「女性」として認められるようになります。

自分の社会的位置づけを反省的に捉えることができない乳児時代，私たちは家族をはじめとする自分に近しい人たちの選択を無批判的に受け入れ，その関係性の中で成長することになります。ボーヴォワールが指摘するように，子どもや女性という役割は，私たちが「他者との関係のドラマ」を直接的に生きることによって形成されていくのです。しかし，私たちは成長するにしたがって，自分の選択と周囲との関係性の間の齟齬《そご》を，身をもって知るようになります。ボーヴォワールはこの子どもの成長過程の葛藤について，「子供は自分を，ある時は可愛らしい天使に，またある時には怪物に変えてしまう大人の眼差しの魔術を思い知る」と述べています**。

＊　シモーヌ・ド・ボーヴォワール／『第二の性』を原文で読み直す会訳『決定版　第二の性Ⅱ──体験　上巻──』新潮社，1997年，12頁。

このボーヴォワールの言葉は大変興味深いものです。子どもは成長する過程において，実は「大人の眼差し」が，自分の何であるのか（天使かあるいは悪魔か）を決定していたというからくりに気づくようになります。そしてそれによって子どもは，自分のアイデンティティが実は他者の視点に委ねられているという不自由さを知ることになるのですが，その一方で，この他者の視点をコントロールすることによって，逆に自分のアイデンティティを作りかえることができるという，異なる次元での自由を知るようになるのです。

5　関係性を生きる――「他者」というドラマ

以上において論じたように，個人の主体性と社会が私たちに要求するあり方との関係は，そのまま私たちが服装を選択する態度に反映されていると言えます。現代はもはや自分の性を自分で選択する時代ですが，そこでもやはり服装は，自分がありたい性を表現する手段の一つとして機能しています。たとえファッショニスタと呼ばれるような，服装にこだわる人物でなくとも，私たちは服装を選ぶことによって，自分自身のあり方も同時に，選んでいるのです。この問題についてサルトルは，自分と他人との関係は，他者の「眼差し」という観点から説明できると指摘しています*。「眼差し」とは，いわゆる「他人の視線」を意味します。私たちは皆，人から見られた自分の姿を想像して，「自分がどのように見られるのか」を先回りして考える傾向があります。このことは，「他人の視線」によって私たちの行動が規制されたり，道徳的感情が喚起されたりすることを意味しています。

ただしそこには，やや複雑な人間のあり方が見出されます。人間は，他人の目に映った自分を想像し，それを恥じ，あるいは悦に入ったりするのですが，それと同時に，常に他人に映った自分を意識しながらも，決してその実像を自ら知ることができないという，矛盾した側面を持ち合わせています。言い換えれば，私たちは，私たちが決して到達することのできない，「他人から見られ

＊＊（前頁）　同上，15頁。

＊　ジャン＝ポール・サルトル／松浪信三郎訳『存在と無Ⅱ』ちくま学芸文庫，2007年，112-113頁。

た自分」を常に追いかけ，それを想定して，自分の行動を決定したり規制したりするということを日々行いながら，生活しているのです。この「眼差し」は，たとえそこには誰も存在しないとしても，私たちに人から見られた自分を意識させるものです。それは，まるで防犯カメラの如く，私たちにつきまとい，私たちを監視する役割を果たしていると考えられるのです。

私たちにとって最も近しい存在は自分自身ですが，この最も親しい伴侶が，いったい人にはどのように見えているのかを，私たちは知ることはできません。しかしながら，それとは引き換えに，この「他者に対する自分」を自ら演出する権利を持っており，それによって，「なりたい自分」に近づこうとするのです。先に取り上げたゴッフマンは，私たちのアイデンティティ形成には「演技」という要素が不可欠であると指摘しています*。演じるとは，なりたい自分の姿を想定して，それに近づけることであり，他人に映った自分の姿をコントロールするという行為です。私たちは，他人に対する自分を，「演技」という演出によって，操作することが可能です。そしてその意味では，私たちは日々自分の印象を演出することによって，「なりたい自分」を創造し続けていると言えるのです。

このように，人間には他人から評価されるという受動的な側面が存在しますが，逆に外部からの視線が存在しなければ，私に対する評価がなされることはなく，私自身が消失してしまう恐れがあります。私たちは自分には手の届かない「他者に対する自分」の姿を想像しながら，自分の理想と格闘しつつ，自分の存在を手に入れようと日夜奮闘しているのです。ボーヴォワールは，このように私たちが他者との関係の中で日々行う生のあり方を，「他者との関係のドラマ」と表現しました。社会の中で生きるということは，私たちがこうした関係性の中に投げ出され，そこでの役割を全《まっと》うすることを余儀なくされることを意味していますが，それは同時に，自分に課せられた役割について自問し，「本当の自分」との齟齬に苦しむことや，そこからの解放を求めることにもつながって行きます。

＊ E.ゴッフマン／前掲書，7-8頁。石川准『アイデンティティ・ゲーム』新評論，1992年，参照。

こうした問題を踏まえて，あらためて，「自分とは何か」，そして「自分は何を着たいのか」と考えてみて下さい。社会の要求に従いたいのか，あるいはそれに意義を唱えたいのか，それはどこまで可能なのか。簡単に答えは出ないかもしれません。しかし大切なことは，その両方が私たちの生き方として存在しうるということです。そうした作業の中で，服装という身近なものを通して，自分とは何かを考えるヒントが得られるのではないでしょうか。**（沼田千恵）**

参考文献

ジャン＝ポール・サルトル／伊吹武彦訳『実存主義とは何か』人文書院，1996年。
ジャン＝ポール・サルトル／松浪信三郎訳『存在と無Ⅱ』ちくま学芸文庫，2007年。
シモーヌ・ド・ボーヴォワール／『第二の性』を原文で読み直す会訳『決定版　第二の性――Ⅰ事実と神話―』新潮社，1997年。
シモーヌ・ド・ボーヴォワール／『第二の性』を原文で読み直す会訳『決定版　第二の性――Ⅱ体験　上巻――』新潮社，1997年。
E.ゴッフマン／石黒毅訳『行為と演技――日常生活における自己呈示』誠心書房，1974年。
石川准『アイデンティティ・ゲーム』新評論，1992年。

服装という魔術──「見せる」と「魅せる」

1　ファッションという印象操作──「映え」と「盛り」

ファッションが自分をどのように見せるのかを左右する重要な要素の一つであるとすれば，私たちが「何を着ているのか」は私たちが「どのように見られるのか」という問題と深く関わってきます。では，服装の選択は私たちのあり方にどのような影響を及ぼすのでしょうか。「印象操作」という問題を服装（あるいはファッション）の視点から考えていきましょう。

最近はスマホやパソコンなどで，簡単に映像の加工が可能です。自分の写真をおもしろおかしくアニメキャラ風に加工するアプリも多数存在します。また自分自身の姿そのものを「アバター」として自由に設定することが，ネット空間でも話題を集めています。自分の存在を他人にアピールし，さらに自分自身で自由に演出して楽しむことは，もはやエンターテインメントと化している感さえあります。

ところでこうした作業に関してよく聞かれるのが，「映え」と「盛り」という言葉です。最近は多くの流行の発信源が，インスタグラム等に投稿された写真であることが指摘されています。カフェやレストランでも，来店する人たちが，お茶を飲んだり，食事をしたりすることともに，（あるいはそれ以上に）「インスタ映え」する写真を撮影することを目的としている場合が多々あります。

では，単に「お洒落な服装をすること」と，「お洒落な服装をした自分」をインスタグラムに投稿することとでは，何が違うのでしょうか。そこには，二つの視点と自分自身のあり方の違いが存在しています。すなわち，前者の「お洒落な服装をしている自分」とは，いわゆる現実的存在です。それは見たままであり，そこには画像の加工のような劇的な演出は不可能です。これに対して後者の「お洒落な服装をした自分」は，自分でポーズや背景を決め，画像加工も施すことが可能な，いわゆる「演出された自分」です。言ってみれば，それは自分であって自分でないもう一人の自分です。私たちはこの自分の分身について，それを他人と同じ視点で客観的に眺めることができるのであり，必要に応じてポーズや撮影する背景を変え，画像を加工することも可能です。

このような視点から見ると，「映え」や「盛り」という言葉が表しているのは，他人に見られた姿を重視する立場であり，自分自身を他人から見られた姿（＝この場合は画像上の自分）と限りなく同一視しようとする傾向です。そしてここで私たちは，二つの異なった立場に身を置いています。一つは他人から見られ評価されるような，他者の視線の「対象（＝動作の受け手）」という立場であり，もう一つは自分の見られ方を自由に操作しようとする「主体（＝動作の行為者）」としての立場です。すなわち，「装う」ということ自体が，そうした主体による操作そのものを表していると同時に，他者に視点にさらされる「対象」として，私たちが存在していることを表しているのです。

2 「見られる」というあり方

よく「男性目線」とか「女性目線」という言い方がされます。この場合「男性目線」は男性を見る側（＝主体）とした場合であり，逆に「女性目線」は女性を見る側（＝主体）に設定した観点です。一見どちらの言い方も同じように日常生活で耳にすることがあるように思われますが，社会全体として考えた場合，いったい世の中はどちらの目線になっているのでしょうか。政治や経済だけでなく，福祉や文化事業，スポーツ界などについても，皆さん考えて見てください。特に経済活動に関わる商品の場合は，当然のことながら，主たる購買層が念頭に置かれていますので，化粧品や恋愛ドラマなら女性目線，戦隊ヒーローもののアニメや格闘技などのスポーツは，おそらく男児あるいは成人男性の目線が中心となるのではないでしょうか。

ジェンダーの問題においても，この「対象性＝見られること」が重要なポイントになってきます。ジェンダーを個人が選択する生き方として考えた場合，当然ながらそこには，個々人に，それを選び取る権利が存在します。しかしながら，自分が表現したものがどのように理解されるかは，他者がどのような目線で見るかに委ねられています。サルトルは有名な眼差し（＝他者の視線）の理論において，自分の存在とは他者にとっては，他者の目に映った自分でしかなく，それは自分の手の届かないところにあると述べています*。確かに私たちは，自分が他者にとってどのように見られているのかを，うかがい知ることはできませんが，逆に他者は私たちの心の中をのぞくことができません。つまり私たちは，自分の外見（あるいは，内面について抱くイメージ）を自分で操作することによって，他者の目に映る自分の姿を作り出すことが可能なのです。したがって，印象操作とは，そもそも「主体＝見る側」ではなく「対象＝見られる側」であった存在が，「主体＝見る側」の自由に介入するような力を発揮することに基づいているのです。

この点に関して，ボーヴォワールが提示する興味深い例を紹介しましょう。ボーヴォワールは『第二の性』第2巻において，「女性」がどのように作られていくのかを分析しています*。そこで彼女は，女性が幼少期に行う「人形遊び」こそが，女性性の形成に重要な役割を果たすことを，強調しています。すなわち，女性は人形を玩具としてあてがわれ，この人形を飾り立て，それを可愛がることによって，そこに自分の身体を投影し，他者にとっての自分がどのように見られているのか（＝他者との関係性）を学んでいきます。つまりここで言われる「人形遊び」とは，女性が美しく装うことによって，他人から好かれ，愛される存在として自己を確立する過程の疑似体験であると見なされています。

この「人形遊び」によって，幼い女の子が学ぶものとは何でしょうか？　ボーヴォワールはそれを「他者との関係のドラマ」であると言います。人形に投影した自分自身の身体を美しく着飾り，その人形を可愛がる行為によって，女の子は，女性が周囲の人物に愛され称賛されるための手段として，服装が有効であることを理解していきます。それは，女性が単に他者に眺められ，評価されるだけの存在ではなく，社会の中で愛されるべき存在としての地位を確立するためにはどうすればいいのか，あるいは自分に何ができるのかを考えさせるための，有効なトレーニングとして存在しているのです。

この点についてサルトルも，興味深いことを書いています。それは「誘惑」という行為です。サルトルの眼差しの理論では，もともと，眼差しを向ける存

*（前頁）　ジャン＝ポール・サルトル／松浪信三郎訳『存在と無Ⅱ』ちくま学芸文庫，2007年，345頁。

*　シモーヌ・ド・ボーヴォワール／『第二の性』を原文で読み直す会訳『決定版　第二の性――Ⅱ体験　上巻――』新潮社，1997年，30-31頁。

在が主体（＝私はどのような人物かを決定する側）となり，私は一方的に他人の視線にさらされる存在（＝対象＝行為の受け手）とされました。しかし，私たちはこの関係を逆手に取り，誰かを好きになるという主体的な行為を，それを引き起こすような服装や髪型やしぐさなどを自分で演出することによって，他人の主体性の根拠とであろうとします。つまり「誘惑」とは，自分が一方的に対象として受動的に相手に好かれることではなく，相手の気持ちの生み出す力を自分の側にもたらすような働きを指すと言えるのです*。ここで印象操作がなぜジェンダーと関わってくるのかがお分かりでしょう。すなわち，ジェンダーとしての存在が認知されるということは，個人のこころの問題であると同時に，社会においてそれが認知されるということが，重要な意味を持ってくるからです。先に取り上げた人形遊びの例で，幼い女の子が人形を通じて「愛されるべき存在」として自己を演出する仕方を日々身につけていくということが述べられていましたが，裏を返せばこれは，自分の対象性（＝他者による自己の受動的規定）の根拠を，再度自分の側に取り戻すための闘いと言えるのです。

3　もう一つの問題――服装と支配

では私たちは，服装や髪型を自ら操作することで，主体的な自分を回復できるのでしょうか。ここでもう一つの問題を考えてみたいと思います。それは，相手の外見（＝服装や髪型など）を支配することによって，相手との関係を支配しようとする行為です。皆さんの通っていた中学や高校の多くで，制服，あるいは，服装や髪型に関する規制があったのではないでしょうか。最近はそうした規則についての，合理的な理由の必要性が議論されていますが，スカート丈が何センチであるとか，髪の色が何色であることなど，突き詰めていけば合理的な理由の存在に疑問が残るものがほとんどです。

ではこうした規制は何のために存在しているのでしょうか？　そこで重要なことは，私たちが「自由に選択する」ということが，否定されている（あるいは制限されている）ということです。先にも述べましたように，「自由に選択す

＊　サルトル，前掲書，387頁。

る」とは他者との関わり方を自らが決めることです。この自由な選択が否定（あるいは制限）されるということは，他者（この場合は学校）との関わり方が限定されるということです。校則は破るためにあるのではありません。それは守るためにあります。つまり，そこで求められているのは，「何に従うか」ではなく，「従うことができるかどうか」ということなのです。このことは，例えば，リクルートファッションの存在意義を考えれば，よく分かることです。暑い最中《さなか》にスーツに身を固めることは，かなりの辛抱を要します。おそらく，企業が見ているのは，慣例に従った行為が普通にできるかどうかであって，その服装の合理性を洞察する力ではありません。そしてそれに異議を唱えた場合には，時には排除の対象ともなるのです。最近では就職活動に大学での成績が重視される傾向にあるという話も聞きます。学問的な領域によっては，就職先で必ずしも必要なものばかりとは限りません。ではなぜこのようなことが起こるのでしょうか。そこにもやはり，「何をしているか」ではなく，「やるべきことをやっているか」という視点が重視されています。それが将来必要かどうかということよりも，与えられたことを期日までに着実に行える能力があるのかが重視されているのです。

このように，服装や髪型は，自分を演出することによって，他者に映る自分像の支配者となることを可能にする一方，相手に一定の服装や髪型を強制することによって，その主体性を奪うという行為に結びつくことにつながります。例えば，カップルにおいて，自分のパートナー（特に女性）が他人にとって魅力的に映るような華やかな格好をすることを好む人もいますが，逆にそれを嫌い，他人の気を引くような服装を禁止するという話もよく聞きます。それは単なる嫉妬心というよりも，相手の主体的行為の契機を奪うことによって，支配と従属という関係性を強化していく一連の作業であると言えます。相手が自らの自由を投げうって，自分の要求を受け入れてくれるかどうか，すなわち，相手が自分の自由な選択を放棄して自分の好みを受け入れてくれるかどうか，これを「究極の愛」の証しであるとするような関係性が，そこには成立しているのです。

私たちは，相手に望まれる存在となるために，自ら考える機会を放棄してしまうということを行いがちです。親に従う，先生の言うことを聞く。そしてそれが善であるということを，無批判的に受け入れています。また社会自体の構造がそうした人間を重用する傾向にあるのも事実だと言えるでしょう。主体性の放棄によって得られる相手との信頼関係とは言わば，支配と依存の上に成り立つ，一種の共犯関係であると，ボーヴォワールも述べています*。男性社会によって望まれる女性像を女性自らが実現することによって，社会での評価を得，その結果自分の居場所を確保する。特に，女性の経済的・社会的地位が確立されていない時代では，そうした生き方が女性に強いられてきたという現実があったのです。服装は自分自身だけでなく，社会や他人との関わりを映す鏡です。その選択が何によって成立しているのかを問うことが，私たちの自由な生き方を保証するための，重要な条件だと言えるのではないでしょうか。

4　疎外という経験

人間は誰もが唯一無二の個体であり，私たちのうちにはこのかけがえのなさについての感情が常に存在しています。それは人と比較して揺るがされるものではありません。しかしながら，差別によってもたらされる序列関係は，人間のうちに，私たちが生まれながらに劣等性を有するという感情を引き起こさせるものです。ボーヴォワールは，女性の〈生〉には，ドラマが存在すると言います。それは自分を「本質的（＝中心的）なもの」として主張しようとする要求と，自分を「非本質的（＝周辺的）なもの」として客体化しようとする，女性を取り巻く状況との葛藤です**。

ボーヴォワールも言うように，他人から一方的に自分の存在を規定されることによって，私たちは自分が絶対的存在（＝一者）であることを感じるとともに，自分の手を離れて他人から価値づけられる存在（＝他者）であるという，引き裂かれた経験（＝疎外）を持つようになるのです。女性が社会の中で自分を「女性」として捉える時に起こるのは，こうした疎外の経験に他なりません***。そし

*　ボーヴォワール，前掲書，34頁。

**　シモーヌ・ド・ボーヴォワール／『第二の性』を原文で読み直す会訳『決定版　第二の性――Ⅰ事実と神話――』新潮社，1997年，37-38頁。

て時にはそれが，私たちから主体的行動を奪い去り，受動的存在であることを受け入れることを余儀なくさせるのです。

服装を選ぶことは，他人との関係を選ぶことであり，さらには自分との関係を選び取ることです。好きなものを自由に着られる場面とそうでない場面とが常に存在することでしょう。自由な服装をしている自分と，制限された服装をしている自分とを考えて見てください。

そこには何が付け加わり，何が失われているのでしょうか。そこで私たちは「絶対的な自分」を保持し続けているのでしょうか。服装について考えることは，こうした私たちの中にある，引き裂かれた経験を考えるきっかけを与えてくれるのです。**（沼田千恵）**

参考文献

ジャン＝ポール・サルトル／松浪信三郎訳『存在と無Ⅱ』ちくま学芸文庫，2007年。

シモーヌ・ド・ボーヴォワール／『第二の性』を原文で読み直す会訳『決定版　第二の性――Ⅰ事実と神話―』新潮社，1997年。

シモーヌ・ド・ボーヴォワール／『第二の性』を原文で読み直す会訳『決定版　第二の性――Ⅱ体験　上巻――』新潮社，1997年。

E.ゴッフマン／石黒毅訳『行為と演技――日常生活における自己呈示』誠心書房，1974年。

石川准『アイデンティティ・ゲーム』新評論，1992年。

＊＊＊（前頁）同上。

私　は　私

『私は私』という，フランスの詩人ジャック・プレヴェールが書いたシャンソンがあります。そこでは「私は私，笑いたい時には大声で笑う。どうしたって気に入られるようにできているの，私にはどうしようもない，どうしてほしいっていうの，私は私，どうしていろいろ言うの？」というような内容が歌われています。太りすぎだ，痩せすぎだ，化粧しろ，化粧するなと，私たち特に女性は様々なプレッシャーにさらされ続けています。また，暑いから，楽だからと薄着で外に出ればじろじろと見られ，不愉快で怖い思いをすることもあります。これでは自分がしたいことが尊重されていない気がするし，服を自由に選んでいるつもりが，ただ，振り回されて操られているだけのような気がしてしまいます。売っているつもりがないのにすでに品定めされているという非対称性の中で，私たちはどのように自由を実現できるのでしょうか。

1　男物の帽子をかぶった少女

フランスの女性作家マルグリット・デュラスの自伝小説と言われる『愛人(ラマン)*』で，主人公の15歳半の少女は，偶然手に取った帽子をきっかけに，男性の目に映る，別人となった自分を発見します。

「男物の帽子の下で，みっともないあの痩せた姿，少女時代に独特のあの欠点がまるでちがって見えた。みっともないあの痩せた姿が，運命として自然から乱暴にあたえられたままのむきだしの姿であることをやめてしまった。そんな自然のままの姿を積極的に拒んだもの，まるで正反対の，精神によって選びとられた姿となったのだ。まあ，これがのぞみだったんだわ。突然，自分がちがう女に見える，まるでちがう女が外の世界でひとから見られているようだ，あらゆる男たちの意のままになる姿，あらゆる男たちの眼差の意のままになる姿，四通八達〔引用者注：道路が四方八方に通じていて，交通の便がよいこと〕の都

＊　フランス植民地時代のインドシナで，フランス人少女が富裕な中国人青年と結ぶ初めての性愛関係が，作家の回想という形式によって描かれている。

市や道路網のなかに，欲望の流通過程のなかに投げこまれたような姿，そんな姿を見せている。わたしは帽子を手に入れる，もう別れられない，これがあるのよ，それだけであたしをまるごとつくり直してくれるこの帽子がある，もう手ばなせない*」。

支配と抑圧であるはずの男性の目が，ここでは運命から解放してくれるものとして描かれています。注意すべきは，帽子の効果によって初めて自分は存在する，言い換えれば，「自然の否定」によって，他者によって初めて自分は存在するという点です。自分を別なもののように見ることが，自分の誕生になっているのです。

ただ，少女は，クローゼットいっぱいのドレスを持て余し，化粧した自分自身を眺め，どうやったら美しいのだろう，男性を惹きつけることができるのだろう，と選ばれるのを待っている植民地の美しい婦人たちと自分は違うと言います。待つだけの女性たちは，男性に気に入られないのを怖れ，老いを，変化を怖れ，理想とのずれを見つけるのを怖れています。与えることなく与えられるのを待っているのです。これに対し，帽子の少女はむしろ変化を楽しみ，欲望の四通八達の中にあることで，自分はこうして変わっていけるのだ，どんどん売られ奪われていくがよい。奪われることが，私が与えていくことを可能にすると言っているかのようです。少女は，別の視点によって与えられた自分，変化を受けた自身を自ら欲していくのです。

この小説では，弱い立場の女性を男性が性的に搾取するという通常の力関係の逆転が行われています。年上で富裕の中国人男性の方は真剣に貧しいフランス人少女を愛し，リードを取っているのは，植民地下での人種差別もあり，いつも語り手であるフランス人少女の方です。自分とは違う別の欲望に助けられることで自分の望むものを形にする，ただしそのままではなく，自分が変化できる点がここでは強調されています。異なるように生きることができる可能性を強調するのです。

帽子の少女が経験する喜びは，答えが見えていると思っていたものの外が存

---

* マルグリット・デュラス／清水徹訳『愛人（ラマン）』河出文庫，1992年，21-22頁。

在する時の喜びです。それは，宿命を生きる女性である母（「帽子を買ってくれたのは，この女《ひと》，（……），わたしの母だ*」）の絶望の外に出て，少女が本を「書くこと」を決める宣言でもありました（「わたしは母に答えた，何よりやりたいのは，書くこと，それだけ**」）。境界を攪乱し，想定内からはみ出していく個人になってゆく。それはいつも，単に能動的に獲得していくというよりも，自身が驚かされ，変化させられるのを喜ぶようなあり方でなのです。

2 女乞食

売り買いされる性の問題は個人の問題だと言う時，意識の外に排除しているものとは何でしょうか。性，人種，貧富の差，私たちは様々な差別と支配の構造の中に生きています。植民地下の，一見するところ守られ恵まれて見える，美しいドレスに身を包む大使夫人のような女性も，男性の欲望に仕え，男性の子どもを産むことで養ってもらい，生き延びているとも言えるのです。

精神分析学者ジャック・ラカンは，最初から排除された存在である女性は単一では言い尽くせない，つまり，自分という充実体で語ることができない，そして，女性的享楽とは自己に集中していく享楽ではない「もうひとつの享楽」，「別の享楽」であると述べています。

『愛人』やその他のデュラスの小説にも登場する人物，「カルカッタの狂った女乞食」と呼ばれる女性に，私たちは女性が置かれたこの差別的状況と，しかし同時にまた女性の欲望と生命力の象徴とを読み取ることができるかもしれません。『ラホールの副領事』では1930年代，インドでのフランス大使館での大使夫人と副領事の物語と平行する形で登場するこの若い女性は，17歳で妊娠して母親に家を追い出されます。頭は禿げ，怪我した足には蛆がわき，意味の分からない言葉で笑いながら歌を歌い，広大なアジア湿地帯で，食べ物を探して想像を超える距離を歩き続けています。

守られた白人社会の外側には植民地の現実の悲惨が，妊娠と捨てられた子ども，飢え，貧困，死と生の繰り返しの物語があります。女乞食は，雑誌の中の

---

* 同上，23頁。
** 同上，37頁。

スーパーモデルや，映画や小説などで楽しい恋愛相手として描かれてきた女性像とはほど遠い容姿をし，妊娠するし病気にもなる生身の女性です。

理想の美の世界は，同時に不十分なもの，おぞましいもの，ここに入れない者を作り出し，見まいとする，否認されたもの，忘れられた存在を作り出します。それは支配者が存在するための，支配者を輝かせるための存在です。つまり，規範は他の可能性排除で成り立ち，男性が存在するためには男性になれない者，男性未満の存在が必要であり，美が存在するためには美しくない存在が必要だったのです。腐敗，死，生死の繰り返しの否定が生み出す，年を取らない，病気にもならない，完璧で永遠の美。ここに，中心を持った位階秩序が生まれ，私たちは現実の身体を恥じ，分断させられていくようになるのです。中心に従い，その中で見出す喜びに満足する，例えば流行最先端の洋服や，高級ブランドの洋服を着ることは，お洒落な人とそうでない人との間に線引きを行い，優越感に浸らせてくれるかもしれません。と同時に，そこから排除されることへの怖れに苦しむようにもなります。こうして，男性に合わせ，守られ，その中に喜びを見出し生きていくことを選択していく女たちにもいつも怖れがつきまとうのです。

中心にある支配者と，彼らに従属し，必死に認められようと努力する，搾取されながら生き延びる被支配者という植民地支配のこの力関係を，デュラスの小説世界は逆転させてゆきます。

女乞食を見まいとしても，実際に姿は見えなくても，彼女の歌声は，周りから隔絶し守られた世界に入り込んでいきます。なぜなら，影響されていない，他人は関係ない，自分は変わっていないと思っていても，日々変化を受け，どんどん生まれてはどんどん死んでいく世界の中に私たちはいるからです。彼女は白人がいるところを探し出し，どこまでもついてきます。彼女の飢えは彼女の力と同じほど大きく，「彼女はどこへも到着しないまま，歩く*」。大使館のごみを食べてできた体，女乞食の体は使い回しの「自然そのものみたいに汚**」なく，市場で白人に自分の子どもを売り，もはや彼女は自分が誰と誰の娘である

*　マルグリット・デュラス／三輪秀彦訳『ラホールの副領事』集英社文庫，1978年，6頁。
**　同上，178頁。

かも分かりません。

家父長制社会の中で排除されている女性は若さだけを消費されて使い捨てられ，子どもを産まない限り弱い立場に留まり，産めば子どもを中心に，もっぱら母として生きることが求められます。産むことは何も獲得につながらず，むしろこの女乞食のように追放されることでしかないのです。後ずさりするように，進んでも進んでも消えていく世界。それでも，彼女もまた欲し，彼女の欲望を誰も否定しさることはできません。すでに死んでいても，もうすでに生まれているのです（「夜になると歌うのは彼女なのを知っていましたか？──いや。（……）彼女がいつも，本能的に，白人たちのいる場所へ行くことを（……）……「進行中の生のなかでの死」（……），「しかしそれはけっして追いつかないのでしょう（……）*」）。外部の存在である女乞食が，今あるものはもっと流動的で自分が望み維持させていること（「彼女の飢え」）を，その自分もまた独立した存在ではなく，影響を受け，与えられ，依存した存在であることを教えてくれるのです。

学生時代，お洒落グループ，ママ友，会社員などそのグループでは絶対であった価値観も，離れてみれば「なぜあんなことにそれほどこだわっていたのか」という気持ちになることがあることを私たちは知っています。今，自分が持っている「当たり前」は，よそからやって来た与えられたものであり，また失われていくものだったのです。デュラスの小説世界では，影響を受けずに自分だけで決定できると考え，失うのを怖れる中で生きているあり方よりも，常に失いながらなお生きている女乞食の自由さを讃えます。女乞食は，自分で境界を決めてしまう臆病さを笑っては，まだ違いを受け入れていくことのできる「余白」を示しているのです。元から決まっている，解決済みとされたことはそうでなくなり，女乞食を通して，私たちは守られた集団からはずれた一人一人になり，自分が背負えないものについて，安全地帯から他人に「するべき」，「してはいけない」などとは言えないことを知ります。それはまた，どこに辿り着くかや過去を中心に考えるのではなく，一足飛びの解決はない世界で，一歩ずつ，不十分を繰り返していく歩みそのものと未来が重要になるという価値

---

* 同上，171頁。

転換でもあるのです。

3　思い込みからの解放

小説『ロル・V・シュタインの歓喜』にもまた，一貫したアイデンティティに対する揺さぶりが描かれています。ここでも，女性の生がすべてそうであるように，自身が追放されることが出発点になっているのです。「歓喜」の原語ravissementには，「忘我」，「（うっとりと）運ばれ，さらわれた」，「狂った」といった意味があります。主人公のロルは舞踏会の夜，目の前で婚約者を，黒いドレスを着た見知らぬ女性アンヌ＝マリー・ストレッテルに奪われるのですが，彼女は苦しむどころか，踊る彼ら二人を眺めて歓喜を味わっていました。そして10年以上たった後に，ロルはかつてこの舞踏会に共にいた友人タチアナと再会すると，彼女とその愛人（語り手）と，舞踏会で中断されたこの歓喜を再び繰り返すのです。

出来事は意志からではなく偶然に，日々の散歩がきっかけとなって，習慣が，奥底に眠っていた記憶を少しずつ引き出していくようにして起こります。自分の中で黙らせていた声に任せ，動かされて，ロルは自分の欲望を実現していくのです。彼女は自分が知らない力に運ばれて今ここに至るのであり，何をもたらすか分からない知らない力の中に今なお包まれている，自分の世界の外があるということを表すのです。

合わせてばかりで自分が本当は何がしたいか分からなくなったなら，一人こもって，つまり，一度離れて，抑えていた声を解放していく必要があります。これまで聞いてこなかった声，黙らせている声に自分を任せるようにして，外の力，別視点に助けられる，これはまさにこのテキストで辿ってきた道のりではないでしょうか？　女性を解放し，幸せにするものでありえるはずのファッションが，同時に不自由で不正義なものにもなりうることをこれまで見てきました。それは，男性に都合のいい，会社の利益に都合のいい，大量の服を貧しい国の人々の，主に女性が低賃金で作るものになっているということも事実です。「これが私の幸せであり，私の自由」と無批判に自分に言い聞かせ，自分たちを分断し苦しめるものをせっせと再生産しているのではないか，一人一人があらためて問い直してみれば，そこからまた新たな可能性が広がります。

「美」でも「多様性」でも，名づけた途端，閉じられたコミュニティがエスカレートしていくように，支配と排除の構造に加担することから逃れられず，最初の意図とは別のものに置き替わってしまう，言い換えれば，自分は自分が思っているよりもずっと広く，どこまでも間違い（自分が描いたフィクションにがんじがらめになる），だからこそ発見もするのです。考えること，書くことは，常に書き直しであり，ほどくことであると言えるでしょう。権力の集中を示すものでもありえるファッションは，一方でまた，完成形を持たず，違いを欠点と捉えてなくすのではなく，いくらでも活かして美しいものに変えることができます。影響されて初めて今・自分があるのであり，今・自分で完成されるわけでなく，かつてあったもの，すでにあるものが何度でも形を変えて甦ることができるのです。

「私は私」，自分らしさを失いたくない一方で，生きづらくなってしまうことがあります。思えば思うほどすべてをコントロールしようとして行動できなくなってしまう，「不測事態は許さない」とばかりに自分の考えで埋め尽くそうとしてしまうのです。しかし，リスクが怖くて何もしなくても時間は確実に過ぎていきます。コントロールできないということを受け入れねばならないというより，ここでは，間違いうるということが出発点に立ち還らせ，最初の欲望を，知らなかった世界がまだあるという最初の変化の喜びを再び見出させるのです。

不完全でも始めてみれば何かが起こり，それがまた何かを生み出して，出会いの中で何かが出来ていきます。デュラスの世界は「依存」に光を当て，近代的な主体の自立概念を揺るがし，自己同一性や二者の互酬関係で完結するのではなく，排除された存在，不可視化されている存在に注目し，複数性をあらわにしていきます。最初の喜びは異なるものを喜ぶ発見の喜びであったのに，いつの間にかその世界以外はないと思いつめ，いつの間にか異なるものを拒絶する傾向が社会の中にも，自分の中にもあるということを知っていれば，影響を受けながら世界が広がっていく自分の最初の喜びをしっかり持ち続ければ，私たちはこれまでよりももっと大胆にも，寛容にもなれるのではないでしょうか？（**上田章子**）

参考文献

マルグリット・デュラス／三輪秀彦訳『ラホールの副領事』集英社文庫，1978年。

マルグリット・デュラス／清水徹訳『愛人（ラマン）』河出文庫，1992年。

マルグリット・デュラス／平岡篤頼訳『ロル・V・シュタインの歓喜』河出書房新社，1997年。

ジャック・ラカン／藤田博史・片山文保訳『アンコール』講談社選書メチエ，2019年。

Jacque Prévert《Je suis comme je suis》（ジャック・プレヴェール「私は私」）詩集 *Paloles*（1946年）所収。アニメーション動画*Les quatre saisons d'En sortant de l'école*, Thierry Magnier Éditions, 2017（https://www.youtube.com/watch?v=CXfhqJyEWvk）。

インタビュー

インタビュー 美術家70代Kさん

どんなファッションが好きですか？

動きやすい，活動しやすい服。目的に応じて選びます。

お金がないから若い時は作ってましたけど。自分で布買って。

今はもう作ってないのですか？

今も作ってます，工作感覚で。物作ることが好きだからそれと同じですね。もの作りの一環としてということもあるし，この頃はもう服も買うこともないですしね。お洒落することもないし。年取ってるし，今までの服のリフォームしたり，今までは自分が小さかったから似合う服なかったから，お金もなかったしということで作ってましたけど。

若い時と変わりました？

変わりましたね。若い時と。今はもう自由に。まあ昔もだけど。誰にどう思われても自分がよかったらいい感じ。やっぱり子どもがいた時はね，入学式とかもあって子どもも嫌がるんで，突飛な格好していくと。参観日とか。それでも行ってましたけどね。普通の格好してきてほしかった，よそのお母さんと同じような格好してきてほしかったみたい。

お洒落ってマナーのような考えについてどう思いますか？

自分本位な人間だからあまり考えたことなかったんですけど。家族にそう言われたら，子どもが嫌がることせんとことと思ったこともありましたね，若い時は。今は自由にさせてもらって。子どもも独立してますし。それでも自分通す方だから通してましたけど。娘も小学校3年くらいになったら私の服が他の人の服と違うことに気づいたみたいで，お母さんみんなと同じにしてって言ってきました。そう言われてびっくりしました。昔から自由にしてたけど，今そう言われたこと思い出しました。その娘が今ファッション関係にいてますけどね。

それ以外に，若い時に，可愛くあるためにスカート穿かないといけないとか，お洒落しないといけないと感じたことはありますか？　男性から勘違いされた経験は？

別に，あまり性を感じなかったですね，若い時から。見られててもいじめられてても感知できない人間なんです。こんなこと言ったら嫌がられるのに言ってしまったり。年取ったらこう言ったら相手が嫌がるんだなとか，年取ってそういうのがちょっとずつ分かってきました。年取るのはそういうことなんかなと思いましたね。だから，ファッションもそういう感覚。好きなように好きなようにしてたから……。

雑誌や流行を意識したことは？

若い時はね，50～60年前は服はみな手作りだったんですよ，今と違って。なかったもん。着たい服がなかって，外国の『ヴォーグ』とか，日本なら『アンアン』とか，それを自分がデッサンして，昭和の母親はわりとみんな洋裁ができる人が多いから，それを母親に見せて「こんなん作って」って作ってもらったりしてましたね。

年取ったら自分の寿命もちょっとだから自由にすると言ったら，友だちに昔から自由にしてただろ，今さら何を言うのと言われました。

お洒落ってなんですか？　例えば仕事する時だけお気に入りの眼鏡かけるとか，お気に入りのものが保護してくれるとか魔法のマントみたいな存在ですか，創作のインスピレーション，環境を作ってくれるとか？

あんまり考えたことないわ。でも変なとこで気になるんです，外出して靴下の色が気にいらないからもう一回帰って履き直すとかありましたね。この靴，違うな，嫌ってありません？　もう行くの嫌なぐらい嫌だから遠くにいてたけど帰って履き直すとか。変なとこで変なこだわりがありますね。でも作品でもそうですよね，この色が絶対嫌だからやり直すとか。凄いいらいらして一からやり直すとか，搬入に間に合わなくなったり。もの作るとやっぱりこだわるのでは？　変なところで自分のこだわりを持ってるから作品もできるのかな。頑固なところもあるし，こだわりもあるし，偏屈って言うの？

私もこだわりあるけど自信もないから変なんじゃないかと心配で，だから，似合ってるって言われた服だけ着ることもある。

私もそんな強くない。似合ってるねって言われたらちょっと嬉しいんですけど。でもそしたら友達に，「あんたあの人に言われたんやで，あの人の格好見てごらん。あの人に言われて嬉しいか」って言われたことがあります。そやな，君の言ってること正しいなって納得する私もいてますね（笑）。

娘はファッションは鎧と言いますね。仕事に行く時にね。私はそういう仕事じゃなかったからあれだけど。でも娘も実績積んだら，今度は中身で勝負できることがあるでしょう。あまりこだわらなくなりましたね。中身が少しずつ成長していって自信が出てきたら，鎧着なくてもよくなったのかなって。

結局ファッションってあんまり大事じゃない？

若い時はきちんとして商売，仕事取ってこないといけないからバッチリするけどね。でもまあお洒落すると，明るい色着ると明るくなる。お天気の時と一緒で，お天気の時はうきうきするし，友達は雨の日が好きな子もいるし，いろいろよね。

前に，女性的な服は着たくないって言われてましたよね。

女性的な服って行動的じゃないでしょ。だからあまり好きじゃない。走ったりできないし，ズボンだとどこでも座れるし，なんでも拾えるし，発見できるし，思いついたら今から電車に乗って行けるような……だからスカートは少ないですね。

ファッションはやっぱり女性に無理させてますよね。

ズボンが男性的とも思わないし，スカートも女性的でもないでしょ，掘り下げると。女性的ってどういう意味？　時々，この頃男の子がスカート的なの着ててかっこいいなって思って，ついつい見ることもありますね。今，男性でも女性の服を取り入れてるファッションもあるんだなって。

外国では年取ってても女性強調する人多いですね。

やってみたいとは思わない。似合ってたらいいけど。年取ると似合う服少なくなるから腹立つ！　もう何着てもいいかと居直る。でもね，年取るのもいいことかなとも思います。世間も気にしなくなるし，人にどう思われても自分の方向性を持って自由に。責任もなくなるでしょ。この年だから親も見送りし，責任がなくなり，自分の時間をエンジョイ。どういう風に自分をエンジョイして，あと少しの人生を楽しく生きて行けたらと思います。

さっき「似合うものが少なくなって嫌」ということだったけれど，だからこそこれからはどんどん自分で，自分の気持ちのいいように生きていけるということですか？

自分を遊ばせて，楽しませていこうかなと思います，これからは。自分遊びって言うのかな？　自分を楽しませたいなと。遊ばすにはどうしたら上手に遊ばせたらいいかなあと思いますね。自分を上手に遊ばせたいな。大きく見たら，ファッションは自分を遊ばせる道具の一つかもしれませんね。楽しまな。遊んだらええやん！

（聴き手：上田章子，21.02.21）

インタビュー ギャラリー経営40代Mさん

「着ること」は自分にとってどのような意味を持っていますか。

私にとって「好きな服を着ること＝生きること」。物心ついた時からとにかく「服」に興味がありました。好きな服をどうやったら手に入れられるか，着られるか，子どもの頃からずっとそれが自分の判断基準でした。例えば仕事も「好きな服が着られるか否か」で選ぶ。それは本能的な欲望のようなもの。

「服」は生きるために必要なものだった，ということでしょうか。

その通り。それには二つの意味があります。一つは自己肯定のツールということ。服で自分を飾り立てたり欠点をフォローすることで自信がなかった容姿を認められ，自分を肯定できました。気に入った服を着ている時は「私は可愛い！」と思った。醜い私を可愛くしてくれる，シンデレラの靴のような存在が10代の私にとっての服でした。二つ目は社会に対する抵抗です。10代の頃，学校ではみんなと足並み揃えて仲良しこよしできるのが優等生。学歴社会，女の子は可愛くおとなしくあって素敵な旦那様に専業主婦させてもらえたら幸せ，という価値観が主流。私はそれにつまらなさを感じていました。当時私が住んでいた街にはその頃の日本の中流やや下ぐらいの典型的な服装の人ばかりで，街並みもそんな感じです。その中をフリルやリボンがたくさんついた目立つ服を重ね着して歩くということは，自分の住む好ましくない街や好ましくない価値観に対する異物として存在することを意味していました。私の場合は，大好きな服を着て他者に認められたいとうことよりも（後ろ指さされても，あんたには分からんわ，と思っていた），自分は好ましくない街に異物として存在する調和を乱すテロリストである，というような感覚がありました。大袈裟ですね，でもそんな気持ちが当時の自分には確かにありました。

ところで，着る服と自己イメージを関連づけますか？

昔はこだわりました。デザイナーやブランドが作る世界観や表現している思想のようなものを意識してそれに自分を合わせるという感じ。でも今はいろいろ考えてきた中で「自分が先」と思うようになりつつあります。例えばなりたい自己イメージが先にあって，かなり最近までは「私が先」と思いつつもやはりデザイナーの作る世界観を服で自分の中に取り込む，という感じでしたが，今は，服は，自分のイマジネーションやモチベーションを上げるための遊び道具の一つで，「私が選んでいる」という感覚が出てきました。

具体的にもう少し聞かせてください。

例えば前は,「いいな」と思う服があるとする。でもそれには「ナチュラルなハンドメイド好きの主婦が着る服」というイメージがあって,その服を着ることはそういう自己イメージを取り込むということになるけど,それが自分は好きじゃないなら着ることを躊躇しましたが,今は「それ私が着るから私のもの」と思えるということです。服はしょせんモノ,という感覚が出てきました。それは服だけじゃなくていろいろなものに対してもそう思えるようになってきた。「もの」「生きてる」「私」。「今日はこれ着たいから着る」の割合の方が増えました。

それは気分で,ですね。

そう。「今日,あの人に会うからふさわしい服を」とか前はまったくなくて,「私は着る,これを着ているのが私」という感覚。以前は自分がこの服着ていて居心地が良くないと感じる場所にはいかなかった。今は,「着ていく先によってこの服着ていったら気持ちいいかな」というのがある。

なるほど,それは場に合わせているようですが,自分の方に余裕が出てきた,ということですか?

そうです。「別に私,これ着ていないと私じゃない,ということないから」っていうわけ。

どうしてそういう風に変わったのでしょうか?

さんざん身銭を切っていろいろな服を着倒して分かったのは,「何着ても私」ということ。この服はこういうイメージだからそれに合わせて自分はこうなんだとか自己イメージを優先して着ていた時は,「似合わない,だから着ない」ということはしょっちゅうあった。でも,好きなものはすべて似合うとは限らない,ということ。前は欲しい物は全部欲しかったけれど,欲しいものはすべて手に入るわけではない,手に入るものがあるのだからそれでいい,と思えるようになった。「着たい,着たい!!」と熱烈に思っていたけれど,「ま,それもいいけど,私にはこっちが似合うから」と思えるようになった。服だけでなくライフスタイルにおいても同じ。そうやって一つ一つ選んできた過程が今の私。これ,この中で楽しもうよ,という感覚。

ではもうあまり迷わないということですか。

着ることは生きることだから,肥しもたくさん上げたし,だいたいもう分かる。はずしようがない。好きなもの買って家帰ったら何かと合う。前は「迷ったら買う」だったけど,今は「迷ったら買わない」。

例えば,お金がある時は「別にあとでもいい,もっといいものが出てきた時に買うから」と言って逆に買わなかったりしませんか? 余裕がある。ない時ほど,「これ,今買っておかないと」と思う。それは「ケチ」なんじゃないかと思う時があります。

そう,ケチくさかった。でも今は与え

られるようになった。「欲しい人がいるならどうぞ。売るほどある，売ってもまだあるけど。それ着て幸せになる人がいるなら譲ります」。昔は貪欲だった。それがないと生きていけない時代があったからね。歳取るっていいことですね。

🎤 最初の話に戻りますが，生きることと着ることが一体になっている，という意味で生命に関わっていたんですよね。

小・中学時代はみんなが好きなことにも全然共感できず，学校にも居場所がなかったので制服とか着て学校には行くけれど帰宅して好きな習い事して，好きな服着て，それで認めてくれる親がいたので自分が保てていた。それがなかったとしたら，どうなっていたか分からない。

🎤 なるほど，自分を保つためのもの，それが服だった，ということですね。

そう。それを着ている自分を認めてほしいという意味での自己表現とかではなく，ただ私はそれを着たかっただけ。それを着て，近くでもいいから好きな道を歩いたりしたら大丈夫だった。着てなくても，持っているだけでも大丈夫だった。

🎤 大丈夫とは？

自分が強く保てる。

🎤 生命の基盤，という感じですね。

「あの服買いたい」「あの服どうやって着よう」と考えているだけで，その間は生きてられるでしょ。20代の一番病んでいた時は，ここで死んだらそのあと服の請求が親に来て，それ知ったら親大変だから支払いだけはしないと，とか。私と世の中をつなぐのが服。今まであらゆる場面で，生きることを服に助けられてきた。だから「ファッションは自己表現」とか，ぬるい話ではないからね。

🎤 確かに，表面的なレベルではないですよね。ところで，とっておきの一着は？

アレキサンダー・マックイーンのネックレス。

🎤 どうしてですか？

持っていることで守られているから。自慢するでもなく誰にも言わないけれど，「私持っているの」。それが自分の価値ということじゃなくで……。スペシャルなもの。そのデザインの中に自分の中の内面の……。何かが象徴として現れているような気がする。

🎤 何を象徴しているのでしょうか。

黒と十字架とドクロですね。身につけてなくても自分のものとしてある。

🎤 黒くて十字架……。何かを背負っている，生と死？

ちょっと違いますね。もう一つ，象徴ということで言えば，フリル飾りの沢山ついた服も私にとっては象徴。それは知性とか，女性性とか，遊び心とか，少女の感性とか。

🎤 なるほど。「私の中の何かを象徴」ということは，自分の中にもその同じ要素があるということですよね。自分の中にも「知性，女性性，遊び心，少女の感性」がある。だったら黒と十字架とドクロも自分の中の，何かを象徴しているのですね。

それは自分だと思えるのです。これがないと私じゃない。何だろう。ただただ好き，あの世界が好き。

🎤なるほど。フリルやレース飾りが沢山ある服の世界と黒くて十字架の世界，二つあるということですね。片方だけだったら，そういう人だけど，その合わせが自分ですね。

そう，そういうことです！　二つ混ぜて自分。組み合わせのところで自己表現している。

🎤では今日はマックイーンを代替しているのがグッチのリングということですね。服に花，髪には大きなリボンをつけていますが，グッチのリングでガツン，ですね。

そう。やっとここまで辿り着いた。もう，服に対してはほぼすべてクリアした感じです。自分はこれ，っていうのがある。だから次はこれを生活全般にもっと広げていきたいです。やっぱり服を通して生きている！

🎤そうですね，「着ることは生きること」に戻りましたね。

（聴き手：倉本香，21.03.08）

インタビュー　主婦50代Hさん

洋服との関係，大学時代から聞かせて下さい。どんな雑誌を読んでました？

雑誌『オリーブ』からはファッションだけでなく，文学とか，映画とか，すべてを学びました。

大学時代，アングラ劇団の人たちと交流があったと聞きましたが，影響はありましたか？

影響受けたとかはないかな。アングラってお洒落じゃないなって思ってたから。自分とはかけ離れてる世界の感じ。芝居小屋とかテント芝居とか全然自分の好きな世界じゃない。演劇はすごく苦手でいまだに見られなくて，映画は大好きだけどその違いかなあ。

大学時代と今とでは何が変わったと思いますか？

自分はあまり変わってないけど，大学生の時は，服では黒ずくめとか，古着好きとか，『オリーブ』好きとか，その人のファッション見たらきっとこういう映画好きとかが分かった。今の若い人は中身と服装が一致しない。

以前はすごくたくさん服買ってたと言われてましたね。

すごく買ってた。あの頃，服も高かったでしょう。お給料つぎ込んで，借金してまで買ってたわ。で，大失敗。自分ではうまく着こなせてない気がして，40代間近でやっと自分が着こなせてると思ってきた。

どういうところが失敗してたと思うんですか？

気持ちだけが先走ってる。中身が追いついてなかった，あんまりお洒落じゃなかった。身分不相応に買ってた。経験値を積んで今に至る。やっとなんとかこぎ着けたかって感じ。自分の着たい服がはっきり分かって。その反面，ちょっと最近，服にこだわるのおかしくないかという気持ちもあるのよね。

いろんな所で色んな本読んだりしてよく思うのだけど，資本主義の行き詰まりとか。マルクスの『資本論』，もう一度読み直そうとかいう動きもあるよね。何もかもが商品化されてて，結局，自分の商品価値を上げる，そういうことしかできなくて，そういうのにこだわるのって逆にカッコ悪いんじゃないかって。白井聡さんていう政治学者の記事読んで，生きづらさと資本主義についてとか考える。就職活動で面接にうまくしゃべれない，それはなぜかっていったら自分の商品価値を上げるのが全然できてなかった。でも今は，自分の商品価値上げるっていうことに対し疑問に思う。服好きとしては矛盾してるし，苦しい。でも自分では今でもお洒落が好き。どうしてだろう？一つは人からどう見られたいかというのが気になるし，ワイルドに見られたい時はワイルドに，知的に見られたい時はそうするし……。

着るものにこだわるのって，自己肯定感低い人なんだと思う。素《す》の自分で勝負できないからお洒落しようと思う，自信がないから武装する。お洒落する人は評価されやすいし，見ため重視の世の中だしね。でも武装は一部分で，一番大きいのは自分が気持ちが上がるからだけど。

一般的にはお洒落は武装？

うん。体型とか顔，ルックス含めて。スタイルよければTシャツとデニムだけでいいんだろうけど，そうはいかない。ちょっとスーパーに行くにもヒール履いてったり，ちゃんとお化粧したり，お気に入りの服着ていく。たまにしか着ないと着慣れなくて見れば分かるのよ。日頃からでないと。ただ，これがトレンドって作られて発信されて，いつの間にか無意識に，流行ってるからこれが好きなんじゃないかと思わされて，毎年買い足して，そういうシステムに踊らされてるとは思う。資本主義のシステムというところから結局出られない。喜怒哀楽全部がそういうシステムの中でしかありえないから。

お洒落することはクリエイティブであり，アクティブな行為だと思いますか？

アクティブかって言われたら全然そう思わない。結局，いろんな情報によって作られた自分の知識の中で考えていることだから。ゼロから自分が考えることではなくて。今までの自分のファッションの知識というか。

自分なりに作ってる人も？

その人がそう思ってるならそうなのかもしれないけど。それでもシステムの中からは出られてないのかな。

今の自分にとって，ファッションはけっこうネガティブ？

でも楽しかったらいいっか，みたいな。自分で自分の気持ちが上がって楽しくなれるから，楽しくなれることが自分にあってよかったなとは思う。

それはもうずっと変わりませんか？大学時代からも，結婚してからも？

変わらない。ずっとそう。

どういうのがお洒落って思いますか？

知らない人とかだったら純粋に髪型，メイク，デザイン，素材，コーディネートが素敵とか……。でも，話ができる人でお洒落だなと思うのはファッションだけではなくて，中身も含めてかな。

どんな中身？

私と違って自己完結してるっていうか，人の評価をあまり気にしない人がお洒落だなって思う。

流行も気にせずみたいな人？

そう。自分の価値観がはっきりしてて，それに則って生活してて，人から褒められなくても自分で自信持てている人は凄いなって思う。

さっきの話だと，40歳超えてからは前よりはってことですか？

自分に対する自信じゃなくて，こんな

服着たいなという時にあまり間違えなくなるということはある。買い物に失敗しなくなった。似合わないもの買わずに済むようになった。前はよく分からなくて，好きだけで買ってたので似合ってなかった。

🎤似合う，似合わないって何なんでしょう？

自分の評価と他人の評価は違うかもしれないけど，自分の目で見て似合うなと思えるものが買えるようになったってことかな。

🎤スカートや女らしい服を着ていて嫌な気分になったことはありますか？

ないけど，得することの方が多い。女性らしいファッション，髪型の方が男性からも女性からも受けがいいんじゃないかな。

🎤デコルテをそのまま着てて，日本では引かれた。

お国柄はあるよね。アメリカとかでもノーブラでTシャツの人とか見るし。

🎤向こうではゆるされる安心感があったのに，日本では気をつけないといけないと思わなくてはならない，と。

国民性かな，挑発してるんちゃうの？みたいな。でもアメリカ映画の『告発の行方』でも，レイプとか性暴力があった場合，女の方が悪いっていう論点になってたわね。

🎤女性でも顔をそらないとか，新しいお洒落の形を作った人はクリエイティブって言えるでしょうか？

ファッションデザイナーですらクリエイティブと言えるのかな。今の時代，出つくした中で，どう新しいものを作っていくか，過去のものからしか作れないのかなあ。

🎤今したいけど我慢しているファッションは？　誰にも何も言われなかったとしたら密かにしたいことってあります？

髪を金髪とかピンクにしたい。

🎤どうしてしないんですか？

家族にも迷惑かかるかなとか。家族だけでなく，自分がいい年してって思われるのも辛いかな。

🎤そこを突き抜けれる人がお洒落？

周りが見えてないというのはお洒落じゃないような気もする。影響されないというのとはちょっと違う。その場合は「イタい」，「見てられない」みたいな。そういうのにはちょっとなりたくない。本人が思ってないなら幸せだろうし，そう思われてもいいって言う人もいるだろうけど。影響考えないで自分貫いてたら……。でも，私から見てイタかったらお洒落とは思わない。

🎤見てぴったりだった時にお洒落。

なんかすごく限定的になってしまった（笑）。

🎤結局ファッションって社会関係ですよね，人間関係，社会との関わりだから，他人が存在しないかのようにはできない。そこでぴったり合うというのは本当に素敵なことかも。お互い気にしてないのに合うって。

文化が違えばマッチしないだろうしね。

🎤みんなそれぞれ好きなんだけど，違

う。誰の評価で自分を見てるのとか。

男性目線を追求してきた『JJ』が廃刊したのがなるほどねというか，合コンファッションみたいなのはもうないのかも。『アンアン』はジャニーズ系のヌード特集でもってるし。雑誌文化も終わりつつあるのかな。ちょっと前までは雑誌によって価値観違ってたけどね。

🎤モテたい，異性を引きつけるだけではなく，介護の場所でもお洒落をすれば元気になるとかありますね。

そうそう。お洒落も私は男の人の目より女の人の目が気になる。女の人に褒められた方が嬉しいな。

🎤ひと言でファッションは？

楽しい。いろいろ一周まわってやっぱり楽しいかな。何だろう，自己満足で，何かちょっと自分で悦に浸れるみたいなところ。でも物心ついてからずっと好きなものだから，たぶん一生そうかな。母親は『シェルブールの雨傘』を見て，カトリーヌ・ドヌーブと同じ形のコートを，洋裁が得意なお姉ちゃんに作ってもらうような人だったし，父親もずっと家に男性用のファッション雑誌が毎月置いてあったりしてて，スーツもオーダー，必ずポケットチーフも挿すって人だった。頭でっかくて背低くて，でも一生懸命お洒落を楽しんでた。実家には山ほど服があふれ返ってる。父親が持ってるファッション雑誌を見て，ファッション用語を小学校の頃から勉強してた。Pコート，トレンチコートとはこういうものなのかとか。映画がすごい好きなのも両親の影響。映画雑誌とファッション雑誌が常にリビングにあった。すごい面白いと思って読んでたから，それがなかったら，もしかしたら今みたいになってないかなと思うと，影響は大きかったのかな。

🎤私がアングラ劇団のイメージを勝手に結びつけていたのかもしれないけど，危ない感じ，ちょっとパンクな感じは？

そこはすごく，私は本当はそういうところをずっと持ち続けたいなとは思う。

🎤今は抑えてる？

それはこっそり自分で楽しもうって感じかな。外に出してもイタくなるみたいな。

🎤年甲斐もなくということ？

うん。思わない人もいるかもしれないけど，私はそう思うかな。

🎤面倒だからやらない？

面倒なことはほとんどない。汚なくする方が嫌だし。別にストイックじゃないよ。だって痩せた方がもっと着たい服着たりできるって分かってるのに，夜遅くにお酒飲んでおやつ食べてTVドラマ見てってしてるから。それで翌朝体重計に乗ってガックンみたいな。

毒っ気がなくなってるってこと？　パンクを言い換えれば毒みたいな感じかな？　なんで毒が消えた？　何だろう，その時と今で違うことって何かな。ちょっと考えとく。

（聴き手：上田章子，21.03.26）

インタビュー　ヴィンテージショップバイヤー50代Rさん

あなたにとって「着ること」とは?

私にとって「着ること」は「ファッション」と同じ。ファッションというのはただの衣服と違ってファンタジーがあるもの。人間は自己表現をしないと幸せに生きられないと思う。着るもの以外でそれをする場合もあるけれど，私はファッションでする。そういう意味で不可欠なもの。その人らしさを表すのもファッション，別の人になれるのもファッション。二つとも好き。

ファンタジーとは例えばどういうものですか?

若い頃なら具体的な人物に憧れて，ということもありますが，大人になってくるとムードが理解できます。今日はこのムードでいきたいとか。自分の中で，1日を彩るムードを作る一つがファッション。私はもともとヨーロッパの映画，音楽，アートが好きで，それが自分のファンタジーの源になっています。

アートや映画ではなくファッションで自己表現する方法を選んだ，ということですね，その理由は?

ファッションに一番時代のムードが出ると思うのです。もちろんアートにも出ますが，そしてそれらはすべてリンクしていますが，アーティストになろうと思ったら大変ですよね，誰でもなれるわけじゃない。でもファッションなら誰でも表現できますよね。

なるほど!　ところで，いつ頃から着ることに興味がありましたか。

小さい頃から着ることにしか興味がなかった。祖母が洋服の仕立ての先生だったので子どもの頃から家に生地が散らばっていました。リカちゃんの服が可愛くなかったら自分でそこら辺に落ちている生地で服を作っていました。こじらせてた。

こじらせている?

こだわりが強かった，ということ。もうそれは自然と，です。紙の着せ替え人形でも「可愛い服ないわ」と思って自分で描いていました。とにかくこだわりが強かった。

それが自然，ということは何かをお手本にしてというわけではなくて?

子どもの頃はお小遣いをもらったらとにかく雑誌を買っていました。だからそれが手本となっていたのかもしれませんが，どっちが先とか，分からないですね。

どんな雑誌ですか。

覚えているのは『アンアン』と『オリーブ』。最初は『小学○年生』とかでしたけど，それでさえ，写真の服を見ていた。「この合わせ方，ちょっと違う」とか思っていました。『オリーブ』はすべてのクレジット覚えていましたよ。これ学校の教科だったら一番取れるな，と思っていました。ヨーロッパかぶれしていました。

🎤子どもの頃からファッションの世界で生きていくと強く思っていたのですね。

そうです。中学生になるとやんちゃなグループとかいたでしょう，声かけられても，服がダサいと仲間に入らなかった。でも一緒に遊びに行くこともあって，その時私は白いバスケットに花をつけて行った。「私フランス人やから」って。

🎤そうやって自分の好きなもの，好きな世界を表現していたのですね。日本にいるけれど，私はヨーロッパが好き，と自分を表現していた。

そうです。あと，私の場合はコンプレックスが後押ししたのだと思います。

🎤それはどういう？

ヨーロッパかぶれしている人が一番思いやすいのは，まず「日本人であること」ですよね。日本人は，もちろん体型的なこともありますが，みんな一緒の格好をしてはみ出したらダメとか，人の目が気になるとか，今はそれほどでもないかもしれませんが，当時はその圧力が今より強かったと思います。そういう日本人的なものが嫌い。その中にいる自分に対するコンプレックス。あとは，とても可愛い友達と比べてそこまで自分は可愛くないとか。

🎤なるほど。ヨーロッパと可愛い子に対しての二重のコンプレックスがあったんですね。コンプレックスがない人はいませんからね。

そう。それを解決する方法として，美容に走る人もいると思うし，他のことをする人もいると思うけど，「悪くないんじゃない，私も」と思えるのがファッションでした。

🎤それはどういう時に思いましたか。鏡を見てとか，人から褒められて，とか。

今日のコーデ決まっていると思う時ですよね。鏡を見てと褒められての両方あります。そして，ヨーロッパかぶれは隠していました。それを言ったら小・中ではいじめられるので隠していました。向こうが求めてないのに「これ可愛いよ」とかいうと迷惑かなと思って。でも，それどこで買ったのかとか，私に何が似合うのかとか聞かれたら，もう，どんどんしゃべっていました。

🎤昔からそういうことを人に聞かれた？

そうですね。自分が着飾るより，とにかく昔から，人を可愛くする方がずっとずっと好きでした。

🎤人をよく見ていたんですね。

そうです。めちゃくちゃ見ていました。最初に「私に何が似合う？」と聞かれたのが嬉しかったんです，はっきり覚えています。小学生ぐらいでした。それで教えてあげたら，とっても喜んでもらえて，役に立ったことが嬉しかった。

🎤ファッションを通して人の役に立てるのだ，という原体験が小学生の頃にあったわけですね。

そうです。もう，私の中にはそれしかなかった。人を引き立てたいんです，可愛くしてあげたいんです。ずっと昔からそういうことを考えたり言ってあげたりするのが本当に好きでした。だから今の仕事は天職です。自分は可愛い格好をすると自信もつくし，気分もいいけど，そこまで。その力を人に使って人に喜んでもらった方がもっと幸せ。

🎤確かに，それはとても素敵ですよね。ところで，服に対して喜びの部分がとても強調されたお話でしたが，逆に服に対してネガティブに思うことはありますか。

○○しなければいけないという決まりがあって自己表現ができなかったり，自分の力を人に使って人に喜んでもらうことが幸せなのにそれができないのが，死ぬほど嫌です。

🎤なるほど。例えば，子育て中とか，子どもの参観日には○○の格好とか，ママ友に対してこうだとか，そういう暗黙の決まりごとのようなものに対して反発はしましたか。

私は人から言われてもいいわ，分かる人が分かってくれたらいいわ，と思って着ていました。変なところで自信があるんでしょうね。例えばお葬式にピンクの服は着ないとかそういうのは守りますが，基本ははずさなかったら別に誰に迷惑かけるわけじゃないので好きな服着ますよ。でもお葬式ですら，何着て行こう，と思います。このバッグ持つなら服は……，とか。

🎤TPOぎりぎりの線は守ってあとは自由に，ですね。でもそれで誰かに何か言われたという経験はなかった？

あったかもしれませんが忘れたし，そもそも耳に入ってこない。子どもの参観日にもピンクのタイツを穿いていきましたが逆に子どもが寄ってくる。「○○ちゃんのママすごいね」って。堂々と突き抜けて自信ある態度で，しかも，それがいけてるなら誰も嫌なこと言わない。もし，いまいちの感じでピンクのタイツを自信なさげに穿いてたら，言われるんじゃないですか。学校や職場の制服も苦痛でしたが，その中でも自由にできる部分を見つけて工夫していました。そうしていると皆一緒だからこそ目立っていたと思いますが，悪い言い方をされた記憶はないです。

🎤一般的な話として，普段接している女性たちを見て感じることを教えてください。女性が自由に装うことに対して制約になっているのは何でしょうか。

まずは社会的な周りの目や社会的な規範。でも一番はその人自身の勝手な思い込みですね。「私は○○はダメ」とか「○○は似合わない」とか，たいていは思い込みです。それを否定はしません，「そうなんですか……」と。でもきちんとアドバイスすると，試すかどうかはその人のタイミング次第で，そこは無理強いはもちろんしません。お店って，それができる場所。それがとても楽しいし，喜びです。

🎤似合う，似合わないってありますか。

ありますよ。感覚的なことで言うと，似合うと顔が輝いて「私悪くないわ」っていう顔をされます。現実的に言うと，肌のトーンや全体のボリュームが合っているかどうかとか。赤は似合わないと思っていても，すべての赤が似合わないわけではないし取り入れる面積を小さくするなどの工夫もできますし。でも，今はネットでも情報がたくさん得られるので，そんなにおかしい格好している人は少ないと思いますよ。

🎤では，着こなしのマイルールはありますか。

許容量は人より大きい。だいたいいけます，販売員なので。嫌いなのは……。そうですね，「愛」がないものですかね。

🎤愛がない，それはどういうことですか。

作った人の気持ちとか，選んだ人の気持ち，持っていた人の気持ちとか，そういうものが感じられるものが好きで，そうじゃないものは選びませんね。愛着とか，お気に入りとか，言うでしょ。ヴィンテージが好きなのもそういう理由ですね。手刺繍とか，手仕事とか。こんなに時間をかけて作るというのは愛以外の何ものでもないと思います。誇りも感じる。ファストファッションでも全部悪いとは思わない，その中で企画の人が多分「これ売れ筋じゃないけど作りたい」という思いを込めて作ったものがあるんですよ，分かります。そういうものは好きですね。

🎤気持ちですね。誰かの何かの気持ちが入っているものに愛を感じるということですね。 ということは「もの」ですね。コーディネイトがどうとか，そういうことよりもまず「もの」なんですね。

はいそうですね。「もの」で人をどう活かすか，ですね。そこに興味がある。変なコーディネイトをしないではなくて，こういう「もの」は身につけない，ということですね。

🎤なるほど。それが「愛」ですね。Rさんご自身が人を喜ばせたいという「愛の人」 だと思いますが， その「愛」とは「人が思いを何かにこめるということ」だということを，子ども の頃，おばあさまが服を作る姿を見ながら気づいたわけですね。愛が現れている「もの」として服を見て，自分もそういう「愛」が好き，ということをファッションを通して表現している!

そうです!!

🎤ところで，自分の着こなしのスタイルを持つにはどうしたらいいと思いますか。

私は，流行は時代の気分ですから乗ったらいいと思います。でもそれを自分に合うように選択するということです。まずは気になるものはすべてやってみることですね。そこは流されてもいい。興味を持ったら自分で決めて，試してみる。流されるにしても自分で決めたかどうかは大事です。やっていくと必ずここはいらないとか，これはいいと思うポイントが出てくる。で，次に「いいな」と思ったポイントを掘っていく。私が出会った魅力的な女性は皆，自分で決めたことに対して「掘っている」人ばかりです。そういう人は話題も豊富で，刺激的，好奇心旺盛です。

🎤興味を持つ，好奇心を持つことが大事なのですね。

それも愛じゃないですか。好奇心って対象に対する愛ですよね！

🎤なるほど，確かにそうですね！ また愛でつながりましたね。

オリジナルなスタイルって，「着こなし」ではなくその人の「ムード」が先です。着こなしは具体的にセオリーになっていますよね。情報がたくさん出ていて誰でもアクセスできる。そういう具体も否定しませんが，ムードという抽象的なものの方が先です。それはその人が何に興味を持っているか，何に愛を感じているか，ということの中から出てくるもの。

🎤ここもまた愛ですね。着ることは「愛」ですね。

そうですね！

（聴き手：倉本香，21.03.11）

参考文献

第1～6章の女神との対話部分の作成にあたって参照・参考にした文献のうち，初学者にも比較的読みやすく，入手しやすいものに絞って列記しました（一部絶版もあり）。

- アニェス・ロカモア，アネケ・スメリク／蘆田裕史他訳『ファッションと哲学　16人の思想家から学ぶファッション論入門』フィルムアート社，2018年。
- 蘆田裕史他編著『クリティカル・ワード　ファッションスタディーズ　私と社会と衣服の関係』フィルムアート社，2022年。
- 井上雅人『ファッションの哲学』ミネルヴァ書房，2020年。
- 上野千鶴子『女の子はどう生きるか　教えて，上野先生！』岩波ジュニア新書，2021年。
- 上野千鶴子『スカートの下の劇場　ひとはどうしてパンティにこだわるのか』河出文庫，2019年。
- 上野千鶴子『女ぎらい』朝日文庫，2018年。
- 上野千鶴子『発情装置　新版』岩波現代文庫，2015年。
- 上野千鶴子『家父長制と資本制　マルクス主義フェミニズムの地平』岩波現代文庫，2009年。
- 北山晴一『衣服は肉体に何を与えたか　現代モードの社会学』朝日新聞社，1999年。
- 北山晴一『おしゃれの社会史』朝日新聞社，1991年。
- キャロライン・クリアド＝ペレス／神崎朗子訳『存在しない女たち　男性優位の世界にひそむ見せかけのファクトを暴く』河出書房新社，2020年。
- 久保友香『「盛り」の誕生　女の子とテクノロジーが生んだ日本の美意識』太田出版，2019年。
- シーラ・ジェフリーズ／GCジャパン翻訳グループ訳『美とミソジニー　美容行為の政治学』慶應義塾大学出版会，2022年。
- ジャン・ボードリヤール／今村仁司・塚原史訳『消費社会の神話と構造　新装版』紀伊国屋書店，2015年。
- 田中俊之『男性学の新展開』青弓社，2009年。
- 谷本奈穂『美容整形と化粧の社会学　新装版　プラスティックな身体』新曜社，2019年。
- 谷本奈穂『美容整形というコミュニケーション　社会規範と自己満足を超えて』花伝

社，2018年。
●ナオミ・ウルフ『美の陰謀　女たちの見えない敵』阪急コミュニケーションズ，1994年。
●中野香織『モードとエロスと資本』集英社新書，2010年。
●西井開『「非モテ」からはじめる男性学』集英社新書，2021年。
●黄順姫『身体文化・メディア・象徴的権力　化粧とファッションの社会学』学文社，2019年。
●橋本努編『ロスト欲望社会　消費社会の倫理と文化はどこへ向かうのか』勁草書房，2021年。
●はらだ有彩『百女百様　街で見かけた女性たち』内外出版社，2020年。
●一橋大学社会学部佐藤文香ゼミ生一同著／佐藤文香監修『ジェンダーについて大学生が真剣に考えてみた――あなたがあなたらしくいられるための29問』明石書店，2019年。
●ぼくらの非モテ研究会編著『モテないけど生きてます　苦悩する男たちの当事者研究』青弓社，2020年。
●間々田孝夫他『新・消費社会論』有斐閣，2021年。
●ロラン・バルト／山田登世子訳『ロラン・バルト　モード論集』ちくま学芸文庫，2011年。
●鷲田清一『ひとはなぜ服を着るのか』ちくま文庫，2012年。
●鷲田清一『ちぐはぐな身体　ファッションって何？』ちくま文庫，2005年。
●鷲田清一『モードの迷宮』ちくま学芸文庫，1996年。

おわりに

この本を最後まで読んでくださった皆さん，本当にありがとうございました。私たちのメッセージを通して，あれこれと考えられたことと思います。なんでファッションにこんな小むつかしい理屈をこねるの？　と思われたかもしれません。でも，問題はファッションそのものではありません。

今回は，誰もが関心を持ち，自分らしさということを考える一番共通の問題として，私たちのファッションを取り上げました。そしてこのテーマから，実に深いものが見えてきましたね。そう，誰もが自分の好みで装い，自分らしさを表しているはずのファッションが，本当は自分らしさを殺して周囲に合わせたり，「女らしく」「若くスリムに」という無言の価値観の押しつけから離れられなかったり，本当の自分自身や自分らしさを表現することからどんどん離れていっている，そんな自分たちの現状があります。

そこから，私たちは何に縛られているのか，世間で都合のいい「自分らしさ」や「自由」のアピールと，本当の自分とどこが違うのか，それでは私たちは，どこに向いていけばいいのか，そんな風に考えるヒントとして，この本を協力して作りました。皆さんはどんな風に読まれたでしょうか。どんなところが面白く感じられましたか？

この本は，複数の視点や論考が組み合わされています。「女神との対話」で始まる本編と，それを考えさせる様々な事例を取り上げたコラムと，さらに深い考察へと向かう「さらなる学びのために」，そしてファッションに個性を発揮する現実に活躍する方々の生の声を聞くインタビューです。

まず，本編は「女神との対話」。つまり，若い世代の彩乃ちゃんや，彩乃ちゃんの憧れのファッションリーダーのアパレル子ちゃん，少し年上の涼子さんらが登場し，女神からの問いかけを受け止めて，一生懸命考えています。少し戸惑いながら，これまで思い込みだったことが次々と明らかになってきます。後に男性の裕太くんも入ってきて，議論が輻輳化します。ここでは自分に近い視点を持った誰かの声を通して，自分自身のファッションに対する思いや違和感など，共通するものを見出してみてください。あるいはまったく反対の立場の声を聞いてみて，驚きや発見を感じることもあるかもしれませんが，それを通して，「じゃ，自分が考えていることは何？」と振り返ってみることが重要です。そうやって，私たちは自分の考えが，いかに世間や常識というもので縛られ不自由になっているかを知ることが第一歩ですが，問題はむしろそこから始まります。

私たちを不自由にしている本当の原因は何？　なぜ，女性が「見られる」ものとして扱われるのか？　なぜその価値観を内面化してしまうのか？　私たちは自由であると思いながら，どうして「自分らしさ」だけでなく，「女らしさ」を意識してしまうのか？　そうした私たちの内面に沿って降りていく形で対話が進みます。「女子めんどくさい問題」なんて，普通ちょっと考えないような視点ですよね。そしてより「高次の自由」が視野に入ってきたら，「規範とならない美は，人を楽しませ，幸福にする」という裕太くんの発見は，そんな私たちに勇気を与えてくれる一言です。

こうした発見を，「さらなる学びのために」で，フランスの哲学者ボーヴォワールや，フランスの文学者マルグリッド・デュラスを通じてより深く考察することができます。ボーヴォワールは女性の実存の非自由さを自らの叫びとして，デュラスは見られ，評価される女性が極限の地点で大逆転を手に入れる自由を描いています。さらに「美」と「資本主義」，途上国への差別や抑圧につながっていることに，目を開かされます。

そして，私たちが身近な問題を発見できるように，本編の合間にコラムが挿入されています。「萌え絵」や「ウマ娘」など，女性が性的対象としてしか見られていない象徴的なものですし，最近は男子も見かけを気にするようになったというものの，女性とは非対称的な別の規範が明らかになったのが「男子脱毛」問題やトランスジェンダー問題で扱われます。

これらは，皆さんが自分らしい一歩を踏み出すための，気づきのための様々な切り口です。どこかに，皆さんが考えるためのヒントが隠されています。さあ，勇気を出して，今より一歩だけ深く，自分を考えてみませんか？

一言。私たちは「共に生きる倫理」研究会として，これまで，主に若い学生さんたちに，自分の身近なところ，普段当たり前と思っている考え方やみんなのしていることに，「なぜ？」「どうして？」と問いかけることにより，私たちの日常に潜んでいる問題性や，それをどんな視点で考えるか，ということを一緒に研究し，これまで『倫理のノート』，『共に生きる倫理』というタイトルでその成果を本として出版してきました。この『装いの不自由』が3冊目となります。ずっとお世話になってきた，萌書房の白石さんに心から感謝を送ります。

2023年8月

著者を代表して
森田美芽

■執筆者紹介

倉本　香（くらもと　かおり）

1964年生まれ。同志社大学大学院文学研究科哲学及び哲学史専攻博士課程（後期課程）修了。博士（哲学）。現在，大阪教育大学教授。**［主要業績］**『道徳性の逆説――カントにおける最高善の可能性――』（単著：晃洋書房，2004年），『共に生きる倫理』（共著：萌書房，2019年），ギュンター・ベルトナー『医療倫理学の基礎』（共訳：時空出版，2011年）。

森田美芽（もりた　みめ〔本名：池田美芽〕）

1958年生まれ。大阪大学大学院文学研究科博士後期課程中退。博士（文学）。大阪キリスト教短期大学元学長。現在，同特任教授。**［主要業績］**『キェルケゴールの女性論』（単著：創言社，2010年），『ポストモダン時代の倫理』（共著：ナカニシヤ出版，2007年），『共に生きる倫理』（共著：萌書房，2019年）。

沼田千恵（ぬまた　ちえ）

1963年生まれ。同志社大学大学院文学研究科哲学及び哲学史専攻博士課程（後期課程）満期退学。現在，同志社大学・同志社女子大学嘱託講師。**［主要業績］**『共に生きる倫理』（共著：萌書房，2019年），『生活形式と脆弱性――倫理としてのケア――』（共著：萌書房，2021年），シルヴィ・クルティーヌ＝ドゥナミ『暗い時代の三人の女性――エディット・シュタイン，ハンナ・アーレント，シモーヌ・ヴェイユ――』（共訳：晃洋書房，2010年）。

上田章子（うえだ　あきこ）

1968年生まれ。関西学院大学文学部哲学科卒業。パリ第1大学哲学史科 D.E.A. 修了。パリ第8大学女性学科博士課程修了。女性学博士（フランス文学専攻）。現在，四天王寺国際仏教大学非常勤講師。**［主要業績］** *Relectures du Ravissement de Lol V. Stein de Marguerite Duras — Autour de la différence sexuelle*（『マルグリット・デュラス『ロル・V・シュタインの歓喜』再読――性的差異をめぐって――』）（単著：Éditions L'Harmattan, Paris, 2014），*Orient(s) de Marguerite Duras*（『マルグリット・デュラスの東洋』）（共著：Rodopi, Amsterdam/NewYork, 2014），『共に生きる倫理』（共著：萌書房，2019年）。

岡村優生（おかむら　ひろと）

1982年生まれ。大阪府立大学人間社会学研究科人間科学専攻博士後期課程満期退学。現在，サイバー大学助教。**［主要業績］**『共に生きる倫理』（共著：萌書房，2019年），「性同一性障害当事者の考え方についての理論的考察」（『人間社会学研究集録』（7），2012年），「教職の専門性と倫理学」（『大阪教育大学紀要 第Ⅳ部門 教育科学』61（2），共著，2013年）。

装いの不自由

2023年10月20日　初版第1刷発行

著　者　倉本　香・森田美芽・沼田千恵
　　　　上田章子・岡村優生

発行者　白 石 徳 浩

発行所　有限会社 萌《きざす》　書　房
〒630-1242　奈良市大柳生町3619-1
TEL（0742）93-2234 / FAX 93-2235
［URL］http://www3.kcn.ne.jp/~kizasu-s
振替　00940-7-53629

印刷·製本　モリモト印刷株式会社

ISBN978-4-86065-163-3